THE DIVINE MATRIX

BRIDGING TIME, SPACE, MIRACLES, AND BELIEF

無量之網

連結宇宙萬物的母體

桂格・布萊登 *Gregg Braden*——著 達娃——譯

我的靈魂裡
有一小滴的知識
讓它在你的大海中溶化
——魯米（Rumi）

目次

萬物因力而得以興起與存在⋯⋯

我們必得假設在力的背後

存在有意識、有智慧的心智。

這心智就是萬物的母體（Matrix）。

——馬克斯．普朗克（Max Plank，1944）

量子理論之父馬克斯．普朗克以這些文字，

描寫了結合一切創造物的宇宙能量場，

那就是「無量之網」（the Divine Matrix）。

無量之網「是」我們的世界。

也是這世界「中」的一切。

它是我們，也是我們所愛、恨、創造和經驗的一切。

生活在無量之網中，我們透過這幅神秘量子畫布的精華，成爲表達心中熱情、恐懼、夢想與渴望的藝術家。
但我們「就是」那畫布，也是畫布上的影像。
我們「是」顏色，也是畫筆。

在無量之網中，我們是容器，
盛裝了存在的萬物；是橋樑，
連結了內在與外在世界；是鏡子，
照映了我們的創作。

這本書是爲渴望
從最深切的熱情與抱負的力量中
覺醒的人而寫。
在無量之網中，你是奇蹟的種子，
也是奇蹟本身。

到崖邊來。
我們或許會摔落
到崖邊來。
這太高了！
到——崖——邊——來。
他們來了。
他推了一把。
他們飛了起來。

透過這些字句，可以看見一個精采的境界：我們以為生命存在著界限，事實上若允許自己冒險超越，將發現有股力量在外面等待我們。當代詩人克里斯多夫．洛格（Christopher Logue）描述的簡潔對話中，一群新生發現他們經歷了一場與原先預期截然不同的經驗。❶ 在老師的鼓勵下，他們並非只是單純**站在**崖邊，而是以一種驚人而強大的方式，**超越**了界限。他們在未知的領域上，以全新的方式體驗自己，並從中找到新的自由。

從各種角度看來，本書就像要帶領你走到新生面臨的崖邊。書中描述的是能量場的存在，也就是**無量之網**（Divine Matrix），它是容器，也是橋樑和鏡子，能盛裝、連結並照映發生在內心及身外世界的一切。這個能量場存在於萬物之中，包括最微小的量子、原子、粒子，與光芒才剛要傳遞至人類眼睛的遙遠星體，以及此間的一切事物。它存在的事實，將使我們對自己在宇宙中扮演的角色，產生不同看法。

某些人將在書中讀到關於生命運作方式的嶄新看法；其他人對自己已知或懷疑是否為真的事物，則能從中獲得令人欣慰的總論。但是，對世上每個人而言，這個連結身體、世界和宇宙萬物的原始能量網，為我們打開的是一道通往神祕有力的可能性之門。

這個可能性暗示，在既存的造物中，我們或許不只是短暫路過的單純觀察者。當我們看著「生命」——亦即心靈和物質的豐盛、人際關係和事業、最深層的愛和最大的成就，以及恐懼和物質匱乏等等——就如同看著一面鏡子，正面凝視我們最深層的信念（beliefs），有時也是最無意識的層面。我們之所以看得見圍繞在身邊的一切，是因為它們透過無量之網神祕的本體得到顯現。在這樣的脈絡下，對於宇宙的存在，**意識本身**必定扮演了關鍵角色。

我們既是藝術家，也是藝術品

對許多人而言，這可能是個牽強附會的說法，但它正是許多偉大思想家爭議的最大關鍵之一。譬如，愛因斯坦在自傳中陳述道，我們在現存宇宙中，基本上是被動的觀察者，對宇宙幾乎沒有影響力。他說：「那裏存在著一個獨立於人類之外的巨大世界，如永恆而偉大的奧祕

般矗立在我們面前。不過，其部分的存在，我們至少伸手可及，能夠加以檢驗與思考。」❷

許多科學家至今仍普遍接受愛因斯坦的觀點，然而相對於此觀點，愛因斯坦於普林斯頓大學的同儕物理學家約翰．惠勒（John Wheeler），對人類在造物中的角色有極端不同的看法。惠勒以大膽、清晰和圖像式的語言描述：「我們老認為**外面**有個宇宙，而人類在這裏，在一片六吋厚玻璃的保護下，安全地觀察著宇宙。」從二十世紀末的實驗得知，光是觀看某個東西，就足以**改變**它。所以惠勒又說：「如今我們從量子世界學到一件事，即使是觀察電子這般微小的物體，也必須打破玻璃，進入那裏……也就是說，得把過時的名稱**觀察者**從書上劃掉，放上新的名稱**參與者**。」❸

這真是天大的轉變！惠勒以全然不同的角度，詮釋我們和這世界的關係，說明我們不可能只是單純觀看宇宙在周遭變化。事實上，量子物理學實驗確實顯示，單是觀看如電子般微小的物體，就算只是瞬間把覺知專注在它的運動上，觀看的動作已足以改變其特性。實驗結果指出：觀察就是一種創造，而意識執行了創造的行為。這些發現似乎支持了惠勒的論點，說明我們無法繼續置身事外，把自己當成是純粹的觀察者，對所觀察的世界毫無影響力。

但要能把自己視為造物運動的參與者，而非宇宙單純的短暫過客，必須對宇宙是什麼、如何運作，抱持全新的看法。如此極端的世界觀，正是另一位普林斯頓大學物理學家，也是愛因斯坦的同事大衛．波姆（David Bohm）研究工作的基礎，他以此撰寫了一系列書籍和論文。波姆於一九九二年辭世之前，為世人留下兩個開創性理論，使我們能以完全不同的觀點，就某一方面而言，也是近乎全像的（holistic）角度，來看待宇宙和自己在宇宙中的角色。

第一個理論是對量子物理的詮釋，這也為波姆創造會見愛因斯坦的機會，並在日後成為兩人友誼的舞台。這個理論開啟波姆所謂「真實相狀（reality）各個潛在（且細微）層面……的創意運作」❹。換句話說，他相信世界存在更深或更高的造物層級，他們握有印製發生在世上一切事物的模版。我們的物質世界就是源自於這些細微的真實相狀層級。

第二個理論將宇宙解釋成單一且一體的自然系統，其連結方式並非顯然易見。波姆早期於加州大學的勞倫斯放射線實驗室（Lawrence radiation Laboratory，如今改稱為勞倫斯利弗摩爾國家實驗室，Lawrence Livermore National Laboratory）工作時，曾經在一種特殊氣體狀態，即**等離子體**[1]狀態下觀察過微小的原子粒子。波姆發現，粒子存在於等離子體狀態時，其行為表現不再是一般認知的獨立個體，比較像是種相互連結，藉此形成某種更大存在體的一部分。這些實驗成為波姆開創性研究工作的基礎，並於一九八〇年集結出版為他最令人印象深刻的著作《整體與內隱秩序》（*Wholeness and the Implicate Order*）。

波姆在這本扭轉觀念的書中提出：假使能從高處觀看宇宙的全貌，世界上的物體看起來將像是發生在另一個領域的事件的投射，那是個我們看不見的領域。他把此可見的與不可見的領域，描述成一個更高、更普遍的秩序，並以「內隱」（implicate）與「外顯」（explicate）來區別與稱呼。

我們看得見、摸得到，且呈現出分離狀態的所有物體，如岩石、海洋、森林、動物、人等，都是萬物**外顯秩序**（explicate order）的範例。然而，儘管這些物體看似彼此分離，波姆認為它們在更深層的真實相狀中其實相互連結，只是從我們在宇宙中所處的位置，無法看見其連結方式。他將看似分離的一切萬物，視為是更偉大整體的一部分，而他稱此整體為**內隱秩序**（implicate order）。

波姆以流動的溪水來說明內隱秩序與外顯秩序之間的差異。他利用我們以各種不同方式觀看到的溪中水流作為比喻，描述分離的幻覺：「在溪中，可以看見漩渦、漣漪、波浪、水花等無止盡變化，但事實上這些現象無法獨立存在。」❺儘管水流的各種擾動狀態，在我們看來是獨立事件，波姆認為它們卻以極緊密且深刻的方式彼此連結。「這些可能受到抽象型態支配的瞬間存在狀態，**暗示的只是一種相對的獨立性**，而非絕對的獨立存在。」波姆說❻。換言之，它們全是同一條溪的一部分。

波姆利用這類例子，描述他對宇宙及其中包括我們在內的一切事物的觀感，並認為萬有一切可能只是更宏偉的宇宙模式的一部分，而且每一部分均衡地共享彼此。波姆在簡述這種一體的自然時，如此解釋：「最適合解釋這種新的深刻理解形式的說法或許是：**流動運動中不可分割的整體**。」❼

一九七〇年代，波姆提出一個更清楚的比喻，描繪宇宙如何成為分散卻不分割的整體。他仔細思考過萬物間相互連結的本質後，越發相信世界運作的方式就像個巨大的宇宙全像圖（cosmic hologram）。在全像圖中，物件的任何部分都包含了該物件的整體，只不過規模較小。（不熟悉全像圖概念者，請見第四章的詳盡解說。）從波姆的觀點看來，我們眼前所見的世界，其實投射自發生在宇宙更深層的更真實事件。這個更深層次就是一切的源起，也就是內隱秩序。在這般「上行，下效」（As above, so below）和「存乎中，形於外」（As within, so without）的觀點下，模式就存在於模式之內，完整如自身，也因自身而完整，只是規模不同而已。

人體細微又明確的簡單性，為我們提供了一個美麗且眾所周知的全像圖範例。人體每個部位所含的DNA都具有基因密碼，無論DNA是來自頭髮、指甲或血液，都擁有其他部位完整的DNA排序模式。使我們之所以成為此身模樣的基因排序，不但永遠存在於密碼之中，而且恆久不變。

如同宇宙不斷從內隱秩序轉變成外顯秩序一樣，這股由「不可見」轉換到「可見」的流動，即是促成萬物成形的動能。當惠勒將宇宙描述成「參與式」（participatory）宇宙，也就是一個持續對意識做出反應的未完成宇宙時，他心底想的，就是萬物這種持續變化的本質。

有趣的是，古老的傳統智慧正是如此描述世界的運作。從被鑑定源自西元前五千年的印度《吠陀經》（*Vedas*），到有兩千年歷史的《死海古卷》（*Dead Sea Scrolls*），其共同的主軸似乎都認為：世界其實是一面鏡子，反映出發生在更高層領域或更深層真實相狀中的事物。翻譯家為《死海古卷》中〈安息日獻祭之歌〉（*The Songs of the Sabbath Sacrifice*）的新譯文註解時，如此概述內容：「地球上發生的事物，不過是模糊反映出更偉大的終極真實性。」[8]

無論是量子理論或遠古典籍都暗示，我們從不可見的領域中，為這可見世界中的關係、事業、成功與失敗，創造出一幅藍圖。從這個觀點看來，無量之網就像一幅巨大的宇宙螢幕，使我們得以看見情緒和信念（怒、恨、怨、愛、情、理等）的非物質能量，被投射到生命這個物質媒介上。

又如同電影螢幕對於影片中的影像與人物不做絲毫評判一樣，無量之網也提供一個不存偏見的平台，使我們得以將內在經驗和信念，表現給世界看。我們偶爾會有意識地（但大都是無意識），透過自身周遭關係的品質，「呈現」出從慈悲到背叛在內的一切最真實信念。

換句話說，我們就像藝術家一樣，透過神祕量子畫布的有機本質，將最深層的熱情、恐懼、夢想和渴望表達出來。但我們的畫布不同於傳統畫家的畫布，它就是組成其自身的一切元素，它無所不在，且永遠不會消失。

讓我們把畫家／畫布的比擬再向前推進一步。傳統上，畫家和其作品是分離的，他們利用工具透過外在表現來傳達內在的創造力。但在無量之網中，藝術創作與藝術家之間的分離界限消失了，我們既是畫布，也是出現在畫布上的圖像；既是工具，也是使用工具的藝術家。

從自己的創作中執行創造的這個概念，令人想起五〇及六〇年代黑白電視上常見的迪士尼卡通。首先，畫面出現不知名畫家的手，那手正在畫冊中草描知名的卡通人物，譬如米老鼠。圖像逐漸成形後，它突然變成動畫，栩栩如生。接著，米老鼠也開始畫圖，在畫家所繪的圖像**之內**創造出其他卡通人物。而原來的畫家突然變得不必要，直接從畫面中消失。

畫家的手消失之後，米老鼠和朋友們不但活了起來，而且各有個性。而這個想像之家中的每個成員沉沉入睡後，整個廚房又開心地動了起來，糖罐和鹽罐開始共舞，茶杯以搖滾樂震撼了奶油碟的世界，這些角色也不再與畫家有任何關連。雖然這例子過度簡述無量之網的運作方式，卻能幫助我們了解如何既身為造物者，又能從自己的創作中進行創造的微妙抽象概念。

畫家總要不斷修飾圖像，直到作品最後與腦海中的想法完全一致，從許多層面看來，透過無量之網，我們也對自己的生命經驗做出同樣的舉動。藉由信念、判斷、情緒、祈禱所組成的調色盤，在各種場合與不同的個體共同演出人際關係、工作、支持與背叛的情境。而同時，這些人物與情境往往又熟悉得令人驚異。

我們以個體和整體的方式，分享內在生命創作，形成日復一日、時復一時、永無止盡的循環。這是個多麼美麗、奇異且強而有力的概念！正如畫家一而再、再而三運用同一塊畫布，不斷尋找能完美表達概念的方式一樣，我們也能把自己想像成永遠的藝術家，創作著一件變化不斷、永無止盡的作品。

環繞著我們的世界由我們自己形塑與創造，這個概念蘊含廣泛而有力的暗示，對某些人來說或許還有點嚇人。具備有目的且有創意地運用無量之網的能力，突然使我們得以重新看待自己於天地中的角色。至少，它暗示生命不僅只是我們必須竭力面對的偶發事件和難得的巧合而已。

總之，量子本質（quantum essence）將我們與一切相連，它和我們之間的關係，提醒我們自己即是造物者。於是，在包括身體、生命乃至所有關係在內的萬物中，我們有能力表達對療癒、富足、喜悅與和平的最深層渴望；也能夠自己選擇時間與方式，有意識地表達渴望。

然而，如同前頭洛格詩中描述的新生需要「被推一把」才能開始飛翔一樣，若想要實現這一切可能性，我們必須在看待自身與世界的方式上，先產生精微卻強烈的轉變。在這個轉變中，我們最神祕的渴望、最遠大的目標、最崇高的夢想，忽然之間都將伸手可及。這樣的真實狀態聽起來非常神奇，然而這一切，乃至更多的一切，在無量之網內都可能發生。不過，實踐的關鍵不僅在於了解其運作方式，還需要以這古老的能量網所能辨認的語言，傳達我們的渴望。

人類最珍貴的傳統思想提醒我們一件事，其實有一種語言可以用來和無量之網對話，這種語言沒有字詞，也不需要我們平日以手或身體進行表達的外在溝通訊號。它的形式實在非常簡單，人人皆能流利地「說」它，甚至每天運用在生活上——那就是人類的情緒語言。

現代科學已經發現人體經歷每種情緒時，也會產生酸鹼值和賀爾蒙等化學變化，藉此反映出我們的感覺。[9] 人透過愛、慈悲、原諒等「正面」經驗，及憎恨、批評和嫉妒等「負面」情緒，有力量肯定或否認自己每日每刻的存在。這些情緒不但能自體內給予我們力量，也能將此力量擴展到身體之外的量子世界。

你或許可以把無量之網想像成一張宇宙之毯，毯子的起始和終點都在未知的疆域裏，而起迄之間，跨越了一切萬物。毯子有好幾層深，隨時隨地無所不在，而且早已安置妥當。我們的身體、生命和所知的萬有存在，都發生在毯子的纖維之內。從在母親子宮裏溼淋淋的創造過程開始，到結婚、離婚、友誼、事業等，我們經歷的一切，都可以被想像成是毯子裏的「皺摺」。

從量子的角度看來，物質的原子、一片草葉到人體、星球，及此外的一切，都可視為是這張時空之毯平坦布料內的「騷動」。古代的靈性傳承思想和詩人，以近乎相同的方式來描述「存在」，或許並非巧合。譬如，《吠陀經》提到統一的「純意識」（Pure Consciousness）場域，滲透萬物卻也使萬物沉浸其中。[10]這些傳承將我們的思緒、感覺、情緒、信念等經驗，以及因之而生的一切判斷，都視為「騷動」，是發生在原本平滑、靜止的場域中的干擾。

西元六世紀的《信心銘》（*Hsin-Hsin Ming*），也以類似方式描述了某種本體的特性，此本體是一切造物的藍圖，被稱為「道」（Tao）。就和《吠陀經》的陳述一樣，它根本無法被具體描述，它就是一切，是所有經驗的容器，也是經驗本身。道是完美的，「圓同太虛，無欠無餘。」[11]

根據《信心銘》，只有當我們因自己的判斷而干擾了道的穩定，才會對道的和諧困惑。這個現象一旦發生，我們就陷入憤怒與分離的感覺中。對此，經文也提出了修正此境的指導原則：「要與此實相維持和諧，只需要於質疑產生時說：『不二』。在『不二』狀態中，自然沒有分離，無一遭到排除。」[12][2]

我必須承認，把自己想像成網中的騷動，生活不免因此失去浪漫情趣，同時卻也讓我們能有效且在概念上理解世界與自己。譬如，若想要擁有健康、肯定生命的新關係，或讓具有療癒效果的愛情進入生命中，或為中東地區帶來和平解決之道，必須在此場域中，創造一個能反映這些渴望的新干擾，也就是在組成世界、時間、空間和身體的物質上，製造出新「皺摺」。

這就是我們與無量之網的關係。我們被賦予能力，在網內想像、夢想與感受生命可能性，好讓這張網映照出我們的創作。古老傳承智慧與現代科學都描述了這面宇宙之鏡的運作方式。稍後章節所介紹的實驗中，可以看見這些反射的映象在科學中如何運作。不可否認的是，這些研究解答了部分的造物奧祕，卻也為我們的存在帶來更深疑問。

無量之網顯然還有許多未知的層面，科學也未能解答一切。老實說，科學家無法確定無量之網來自何處，就算再研究一百年，也明白無法尋獲所有答案。但它就在這裏，只要透過情緒的語言，就能汲取創造的力量。

我們可以透過有意義的有效方法，將此認知運用在生命中。而如此一來，就無法否認我們與他者和一切萬物的連結。藉由連結，或許即能理解到自己的力量究竟有多強大。若能運用理解之後所帶來的力量，將有機會成為更和平與更慈悲的人，積極創造能夠反映出這些品質的世界，亦即一個更美好的世界。透過無量之網，我們得以把焦點專注於生命中的連結特質，將之視為情感、想像和夢想等，而加以應用。當我們如是而為，就能真正開發足以改變生命與世界的力量本質。

關於本書

我們對無量之網的經驗，許多方面與運作電腦的軟體很相似。兩者皆以系統能理解的語言撰寫指令，對電腦而言，指令是0與1組成的數碼。但意識需要的是另一種語言，它沒有數字、字母或字詞。由於我們已經是無量之網的一部分，所以自然已經知道該如何與它溝通，並不需要操作手冊或特殊訓練。而我們也確實知道該怎麼做。

意識的語言似乎就是共通的情緒經驗，而我們已經知道如何愛、恨、恐懼和原諒。一旦了解這些情感正是設定無量之網的指令，就能精進技巧，更熟悉如何為生命帶來喜悅、療癒和平靜。

✣✣✣

這並不是一本要為科學史或新興物理定調的書。市面上有許多傑出著作，已經把這類訊息呈現給世人。我參考了其中某些書，如加來道雄（Michio Kaku）的《穿梭超時空》（*Hyperspace*），以及大衛・波姆的《整體和內隱秩序》等。每一本書都提供觀看這世界的卓越新方法，我也推薦讀者看。

我希望這本書是有用的工具，是能運用在日常生活奧祕之中的手冊。為此，我選擇把焦點擺在較激進且出人意表的量子實驗結果，而不願陷在實驗本身過度技術性的細節中。為了認識這股能具體實現療癒、寧靜、喜悅、情感與人我關係的力量，同時在歷史的時間洪流中存活下來，實驗結果與我們有關的訊息才是重點，而非如何進行研究等微小細節。對技術性過程感興趣者，我在註解處附上了資料來源，以供參考。

對許多人而言，量子物理學界的突破只不過是個有趣的話題，可以在研討會、會議或喝咖啡時拿來閒聊。儘管這項發現涉及層面非常深遠，精神哲理也極端重要，與我們日常生活卻似乎沒什麼關連。就算知道一顆粒子可同時存在於兩個地方，或電子行進的速度比愛因斯坦定義的更快，若無法為我們的生活加分，又有何益？只有將這些驚人發現與身體療癒結合，或應用到購物中心、客廳、機場、教室等生活場所中，對我們來說，它們才變得重要。

無量之網能為我們做的，就是在量子世界的奧祕和日常生活經驗之間的鴻溝上，搭起一座橋樑。本書除了描述這些發現之外，將更進一步了解它們能如何幫助我們日漸完善，並藉此共同創造更美好的世界。我希望透過本書，在這個往往令人感到渺小、無能、無助的世界中，為人們提供希望、可能性及力量。我的目標是以簡單易懂又有趣的對話形式，來描述這項新科學帶來的驚人洞見。

現場演說的經驗告訴我，要能夠以有意義的方式觸及人心，關鍵在於尊重聽眾的學習方式。不論我們自認是「左腦思考者」還是「右腦思考者」，每個人都需要左右腦，才能理解這個世界。有些人可能較倚重某一側大腦，但更重要的是，對人的直覺與邏輯想法，必須同行並重，才能吸引人把看待世界的眼光往前推進一大步。

基於這個緣故，《無量之網》的寫作方式，就和前述的組織架構一樣。我將「右腦式」個人價值及直接經驗等描述，融入屬於「左腦思考」的科學研究與報告中，這些科學發現解釋了經驗何以重要的原因。透過資訊分享，使資料數據不再像教科書，但仍保有足夠的先進科學知識，以確保其有效性。

一如生命由創造DNA的四項基本化學鹼基所組成，宇宙似乎也存在著無量之網的四項特質，以使一切如實呈現。運用無量之網力量的關鍵，在於是否有能力掌握四項劃時代的發現，因為它們以前所未見的方式，將我們的生活與無量之網相互連結。

發現一：連結萬物的能量場的存在。

發現二：此能量場扮演容器、橋樑和反映我們內在信念的鏡子等角色。

發現三：此能量場是非定域性的（nonlocal）、全像式的，每一部分都與整體相連，以較小規模反映出整體。

發現四：我們透過情緒語言與此能量場溝通。

我們有能力辨認、應用這些真實相狀，而它們對我們的一切，包括療癒、成功的人我關係和事業等，具有決定性影響。最後，人類的生存或許就操之於我們是否有能力與意願，分享在統一的量子世界觀中，那些肯定生命的實踐。

為了確實呈現無量之網包含的龐大概念，我將本書分為三部分，每一部分包含一項關鍵概念。此外，我在各單元結尾，以條列方式將重要概念標示為「關鍵」（如「關鍵一」、「關鍵二」等以此類推）作為結語，而非使用正規的刻板總結形式。最後，在第八章列出二十項關鍵，方便讀者搜尋參考。

下列針對每一部的簡述，將有助於讀者瀏覽內容，發現有用的資訊，其中包含重要參考資料以及深度啟示。

第一部「發現無量之網：連結一切萬物的奧祕」，探索人類長久以來的一種觀念，即我們因連結一切萬物的能量場而結合在一起。我在第一章描述科學家在尋找這種統一能量場時，進行的一個倒退一百年的實驗，並分享促使二十世紀量子物理學大幅進展的研究，它讓科學家回頭探究最初告訴我們萬物處於分離狀態的原始實驗。研究包含三個代表性實驗，提出最新科學文獻，證明過去我們無法證實的能量場的存在。簡言之，這些發現說明：

一、人類DNA對於組成世界的物質有直接影響。

二、人類的情緒，對於能影響組成世界物質的DNA，有直接影響。

三、情緒與DNA之間的關係，超越時空界限，不論距離多遠，影響維持不變。

閱讀完第一部後，對於無量之網的存在與否相信已無庸置疑。不論以靈性或科學角度進行描述，顯而易見的是，我們所做的一切、存在和經驗，都與這個能量場有關。接下來，最合理的問題便是：「該如何運用這項資訊？」以及「該如何將無量之網運用在生活之中？」

第二部「想像與真實狀態之間的橋樑：無量之網如何運作？」，探索的是生活在一個不僅萬物相連（非定域性），而且是**全像式**連結的宇宙中，對我們而言意謂了什麼。這些原理的微妙力量，可能是二十世紀物理學最偉大的發現之一，同時也很可能是最受忽略與不被了解的主題。我特別以非技術性的一般方式撰寫這一部分，將之規畫成指南手冊，協助讀者了解經驗的奧祕之處。那是人類共有的經驗，我們卻很少視為是能真正教導我們的工具。

若從「萬物隨時隨地無所不在」這個角度來觀看自己的生命，其中隱含的意義浩瀚無垠，以致於超越許多人的理解。正因為我們與全宇宙相連結，才能隨時隨地支援、分享並參與生命中的喜悅和悲傷，但我們又該如何運用這股力量？

答案始於針對「此地」和「他方」，或「此時」和「彼時」的理解。從生命是一幅處處相連的全像圖的角度切入，**這裏已是他方**，而**彼時永是此時**。古老的靈性傳承思想提醒我們，每天的每一刻，我們不斷抉擇要肯定還是否定自己生命。每一秒鐘，我們都在做選擇：要以支持或耗竭生命的方式，來培育自己；要進行肯定生命的深呼吸，或否定生命的短淺呼吸；以榮耀或毀謗的方式來思考與談論其他人。

透過非定域性全像式的意識的力量，這些看來毫不重要的選擇，擁有超越生命片刻與地域的影響力。個體的選擇聯合起來，成為集體之真實性，這也是為何這些發現令人既興奮又恐懼。從這些體認中，我們了解到：

- 為何我們良善的願望、思緒與祈禱早已經抵達了它們的目的地。
- 我們不受身體或物理「定律」的限制。
- 不論所關切的人是身在戰場或會議室中，我們不用離開家，就能給予他們支持。
- 我們**確實**具有瞬間療癒的潛力。
- 我們**確實**有可能閉著眼睛，就能穿越時空看見他方。

第三部「來自無量之網的訊息：在量子意識中生活、愛與療癒」，則直接探索生活在統一能量場所指涉的各個實務層面，以及它如何影響生命中的所有事件。在此部的各章節中，將以同步發生性及巧合、強而有力的療癒行動，以及我們最親密的關係帶來的啟示等，作為範例，幫助我們看清類似經驗對自己的生命具有什麼意義。

我將利用一系列真實案例，解釋為何生命中看似微不足道的事件，其實是「我們」為自己展現出自我最真實與深刻的信念，與讀者分享其中的力量、嘲弄意味及清晰的脈絡。在用來描述這份關係的案例中，我還納入一個例子，說明寵物如何透過**牠們的**身體，告訴我們自己體內受到忽視或正在發展的生理狀態。

這本書累積超過二十年的研究成果，也是我對古老、神祕且珍貴的傳統中蘊含的偉大祕密的探索之旅。「我們**真的**互相連結嗎？果真如此，這份連結又有多深？」「我們究竟擁有多少改變世界的力量？」假使你曾經試圖尋找這些問題的答案，你將會喜歡這本書。

《無量之網》獻給以生命連結過往真實狀態與未來希望的人。在這個受到傷痛、批判與恐懼撼動的世界裏，你正是那個需要給予原諒，並且找到悲憫之心的人。我們仍然生活在生存受到威脅的狀態中，而要在歷史的此刻存活下去，關鍵就在於創造新的思維。

我們終將發現，對無量之網「規則」的認識與運用能力，正是人類最深層的療癒、最大的喜悅及存活的關鍵。

【原註】

❶〈到崖邊來〉是詩人克里斯多夫．洛格在一九六八年，爲紀念法國詩人阿波里奈爾（Guillaume Apollinaire）逝世五十週年的慶典而寫的詩。本詩收錄於洛格的詩集《多多鳥之歌：一九五三至一九七八年詩選》（*Ode to the Dodo: Peoms from 1953 to 1978.*）(London: Joanthan Cape, 1981): p. 96.

❷ *The Expanded quotable Einstein*, Allice Calaprice, et. (Princeton, NJ: Princeton University Press, 2000): p. 220.

❸ John Wheeler, as quoted by F. David Peat in *Synchronicity: The Bridge Between Matter and Mind* (New York: Bantam Books, 1987): p. 4.

❹ David Bohm and F. David Peat, *Science, Order, and Creativity* (New York: Bantam Books, 1987): p. 88.

❺ David Bohm, *Wholeness and the Implicated Order* (London: Routledge & Kegan Paul, 1980): p. 62.

❻ 出處同上。

❼ 出處同上，第14頁。

❽ Michael Wise, Martin Abegg, Jr., and Edward Cook, *The Dead Sea Scrolls: A New Translation* (San Francisco, CA: HarperSanFrancisco, 1996): P. 365.

❾ Glen Rein, Ph.D., Mike Atkinson, and Rollin McCraty, M.A. "The Physiological and Psychological Effects of Compassion and Anger," *Journal of Advancement in Medicine*, vol. 8, no 2 (1995): pp.87-103.

❿ 古吠陀經典認爲統一能量場是個無限能量場，是無限多樣宇宙的基礎。網址：www.vedicknowledge.com。

⓫ 古《信心銘》爲第六世紀禪宗三祖鑑智僧璨所著。本引句引用自李察．克拉克(Richard B. Clarke)翻譯之英文版，《信心銘：三祖鑑智僧璨》（Buffalo, NY: White Pine Press, 2001）

⓬ 出處同上。

【譯註】

[1] Plasma：也稱爲電漿，物質除了固態、液態、氣態外的第四種存在狀態，當氣體加熱至其原子變成帶電荷離子，電子和離子所帶電荷相反但數量相等狀態稱等離子狀態。火就是一種等離子狀態。

[2] 原經文爲：「要急相應，唯言不二，不二皆同，無不包容。」

第1部

發現無量之網：連結一切萬物的奧祕

第一章

空無之間有何存在？無量之網

◉科學無法解答自然的終極謎題。這是因為追根究底後，我們自己……也是我們試圖解答的謎題之一。

——物理學家馬克斯．普朗克（Max Planck，一八五八—一九四七）

◉若能了解我們自己、了解我們的意識，就能了解宇宙，分離便不復存在。

——物理學家阿米特．哥斯瓦米（Amit Goswami）

有個地方，是萬物的起源，在那裡，純淨的能量單純「存在」著。在此孵育真實相狀的量子培養器中，一切都有可能。從個人的成功、富足及療癒，到失敗、匱乏與疾病……包括我們最大恐懼以及最深渴望在內的一切，都始於這潛力「濃湯」。

我們透過想像力、期待、判斷、熱情與祈禱等真實相狀的製造機制，把每個可能性激發成真實的存在；並透過關於我們是誰、擁有什麼、缺少什麼、該如何、又不該如何等種種想法，為人生中最大的喜悅及最黑暗的片刻注入生命。

掌握這個純能量之所的關鍵在於，明白它的存在、了解它的運作方式，再使用它所能了解的語言，我們就能掌握一切，成為這個世界的起始點，也就是無量之網純空間的真實相狀建築師。

關鍵1 無量之網是承載宇宙的「容器」，是連結萬物的「橋樑」，也是顯現我們的創作的「鏡子」。

十月底向晚時分，我在新墨西哥州西北角一處鄰近四州交界點[1]的偏遠峽谷中健行時，竟遇見一位美國原住民智慧守護者（wisdom keeper），在那個時節，這真是令人相當意外的事。然而，在我們路途交會的那天，他就站在坡頂，我倆之間只隔著一段斜坡。

我不確定他站了多久，看見他時，他只是等在那裡，看著我小心翼翼走在土石鬆動的小徑上。

西落的斜陽灑在他身上映照出光芒，投射出深長的影子。我舉起手遮擋直射眼睛的陽光，看見幾綹及肩的長髮飄在他臉上。他對於我的出現，似乎也一樣訝異。他舉起雙手，圈成喇叭狀靠在嘴邊，風把他的聲音帶給了我。「哈囉！」他喊道。

「哈囉！」我回他。「沒想到這個時候會在這裡遇見人。」我走近些時問道：「你觀察我多久了？」「沒多久，我是來這裡傾聽洞穴傳來的祖先聲音。」他邊回答，一隻手邊指著峽谷對岸的峭壁。

我們所走的小徑穿梭於十一世紀前由一群神祕氏族打造的考古遺址中，沒有人知道他們是誰，又來自何處。這群被現代原住民稱為「遠古者」（the ancient ones）的人，在沒有證據顯示他們的技術是經過長時間演化的情況下，突然出現在歷史中，為當時的北美洲帶來未來千年都比不上的先進技術。

整個地區，包括四層樓高的建築、埋藏在地底的完美石造「地下會堂」（kiva，圓形儀典建築），以及維生所需的廣大灌溉系統和精緻作物在內的一切，似乎是一夕之間突然出現。然後，建造此地的人又突然不見，消失無蹤。

遠古者究竟是誰？他們留下的線索極少，除了峽谷崖壁上的壁畫之外，沒有其他文字紀錄，也沒有大規模的墳場或火葬場，以及戰爭用的武器。然而他們曾經存在的證據，就矗立在新墨西哥州西北角一處遙遠孤立的峽谷，綿延在一段十七點七公里長、一點六公里寬的谷地之中。

我經常來此地走走，沉浸在空曠廢墟的詭異美景之中，感受過去時光。在那個十月的向晚，這位智慧守護者和我在同一天，懷著相同的理由來到高地沙漠。我們交換對此地所保有的祕密的看法，然後，我的新朋友說了一個故事。

很久以前……

「很久以前，世界和我們今天看見的模樣很不同，」智慧守護者說道，「人口少很多，生活更親近土地。人聽得懂雨、作物和偉大造物者的語言，甚至知道如何和星星及天空一族對話。他們明白生命是神聖的，生命源自大地之母和天空之父的結合。那個時代存在著平衡，人類很快樂。」

聽見那人平靜的聲音迴盪在周圍沙岩峭壁之間，我心中湧起一陣古老的感覺。突然，他的語調轉為憂傷。

「接著，發生了某些事情，沒有人知道究竟為什麼，人逐漸忘記自己是誰，並且因為失憶，而開始感到與大地、與彼此，乃至與他們的創造者分離。他們迷失了，既無方向也無連結地在人生中漂泊。處在分離感中的人，認為自己必須奮鬥，才能在世界中存活；必須抵禦那些過去使他們能和諧生活與信任的力量，才能捍衛自己。不久後，他們把能量全拿來對抗周遭世界，想保護自己，而不是用在尋求內心世界的平靜。」

這故事立即獲得我的共鳴。傾聽故事時，我覺得他彷彿是描述今日的人類！除了僅存的幾個孤立文化和偏遠地區的傳統之外，人類文明對**周圍**世界投注的精力，確實更勝於**內在**世界。

人類每年花上千百億元防止自己生病，並設法控制自然，但這麼做，我們或許比過去更偏離與自然世界應保有的平衡。智慧守護者的故事引起我的注意，接下來的問題是，他的故事會走向什麼結局？

「儘管忘記自己是誰，祖先賦予的禮物卻仍存在他們內心某處，」他繼續說道，「記憶始終留存心底。在夜晚的夢境中，他們發現自己仍握有療癒身體的力量，必要時仍能召喚雨的降臨，能和祖先對話，並且知道有一天，他們將再度找到自己在大自然中的位置。

「在努力記起自己是誰之際，他們開始在身體**之外**，打造各種能提醒自己**內在**原本是誰的物品。經過一段時間後，甚至建造出能治療人類的機器、生產促進作物生長的化學物品、拉長線來進行遠距溝通。他們離內在力量越遠，外在生命就塞滿越多他們相信能讓自己快樂的物品。」

我越聽，越覺得故事中的人物和今日的文明非常相似。我們的文明沉緬在一種無力自助，也無法使世界更好的氛圍中。看著心愛的人陷入痛苦和成癮危機時，往往感到**無助**；在面對可怕的疾病時，認為自己**無能**為生靈消弭痛苦；而且也只能**期盼**和平，希望關愛的人能從異鄉戰爭的威嚇中平安歸來；最後，世界順著宗教、信仰、血統和疆界的分裂潮流前進的同時，我們在持續壯大的核武威脅下，感到渺小而微不足道。

我們越是偏離與大地、自己的身體、他人和神的自然關係，似乎越感到空虛。在空虛中，我們努力用「物品」填滿內在的空白。從這個角度觀看世界，我不禁想起科幻電影《接觸未來》（*Contact*）提出的類似難題。影片中，總統的科學顧問（由馬修．麥康納飾演）探討了每個科技社會要面對的基本問題。在一次電視會談中，他問到人類社會是否因為科技而變得更好？

科技到底讓我們更加凝聚，還是更分離？電影本身並未真正回答問題，而這個題材已足以讓人寫成一本書。不過，透過「我們究竟賦予娛樂消遣多少力量」這個問題，電影中那位顧問確實提出了一個好觀點。

當我們覺得電玩、電影、線上虛擬關係和無聲的溝通不可或缺，並且將之當作真實生活和面對面接觸的替代品時，就意味社會出現了問題。電子產品和娛樂媒體的確好像把生活變得更有趣，卻也可被視為是種危險訊號，警示人類有多麼偏離那股能讓我們生活在富足、健康和有意義生命中的力量。

此外，把生命專注於如何**避免疾病**，而非健康地生活；如何避免戰爭，而非和平共處；如何**創造新武器**，而非生活在一個武裝衝突已成為歷史的世界中時，我們走上的顯然是一條求生之路。在這種模式中，沒有人真的快樂，沒有人真的「勝出」。一旦發現自己這樣生活，尋求另一條出路自是理所當然。而這就是本書的目的，也是我分享這個故事的原因。

「故事的結局是什麼？他們是否找到自己的力量，想起自己是誰？」我問智慧守護者。

這時候，太陽已經消失到岩壁後方，我終於能夠看清楚談話的對象。聽見我的問題，眼前這位皮膚黝黑的男人咧嘴笑了。他沉默了一會兒，才對我耳語：「沒有人知道，因為故事還沒結束。那群迷途的人是我們的祖先，而我們是正在撰寫結局的人。你認為呢？」

後來，在這片我倆都熱愛的土地和聚落上，我只再見過他兩次，但我經常想起他。看著世界發生各種事件，我總會想起他的故事，很好奇我們是否將在這一生完成故事的結局。你和我是否將是憶起自己的人？

那人在峽谷裡分享的故事具有極大的含意。不論過往文明是否非常古老，對於這些文明所使用的工具，傳統歷史見解總認為不如現代科技先進。然而，古人不使用「現代」科技解決問題，或許是因為他們擁有其他更有效的方法。

歷史學家和考古學家以詮釋過去為生，在與他們討論時，這個話題總引發激動情緒。「他們若真那麼先進，擁有科技的證據在哪裡？」專家會問。「他們的烤麵包機、微波爐、錄放影機在哪裡？」有趣的是，在詮釋文明發展時，許多事情竟是環繞在人所建造的**物品**上。我們是否也該想想，建構這些物品的基礎思想是什麼？就我所知，確實不曾在美國西南部（或世界上任何角落）的考古紀錄中找到電視或數位相機。問題是為什麼沒有？

今日所謂的先進文明遺跡，如埃及、秘魯或美國荒漠中的西南部地區，是否很可能正是某種**極先進**科技的遺跡，所以根本不需要烤麵包機和錄放影機？也許他們的生活已經超越對壅塞、複雜的外在世界的需求；或許他們熟悉某些與自身有關的知識，給予了他們過不同生活的**內在科技**，只是那些知識如今已被遺忘。那樣的智慧或許能提供一切生活所需，並使他們以我們才剛開始理解的方式療癒自我。

果真如此，或許只需要在大自然中尋找，就能明白自己是誰，了解人類在生命中真正的角色。又或許在量子世界的神祕發現中，我們早已擁有最具意義和最能給予力量的洞見。簡潔有力的物理定律在過去三百年來一直被奉為神聖圭臬，但物理學家在上個世紀卻發現，建構人類和宇宙萬物的物質並不總是遵循這些定律。事實上，在最微觀的世界裡，那些陳述我們彼此分離、而且我們的存在有其侷限的法則，被建構世間所有物質的粒子打破了。在粒子的層次上，萬物似乎互相連結，而且無限無邊。這些發現暗示每個人皆擁有某種不受時間、空間，乃至死亡所限制的東西。研究結果蘊含的基本意義顯示，我們生活在一切萬物始終相連的「非定域性」宇宙中。

美國智力科學學院（Institute of Noetic Sciences）的資深科學家迪恩．雷丁（Dean Radin），在此議題上是位先鋒，對於生活在這樣的世界有何意涵，他如此解釋：「『非定域性』的意思是，看似分離的事物在某種形式下，其實並不處於分離狀態。」❶ 雷丁認為我們在某些層面上，其實能夠超越「此時此地」，而在時空之中延展開來。換言之，生活在這個軀殼內的「我們」，並不止於定義身體界線的毛髮之內。

不論如何稱呼這神祕的「東西」，人人都擁有它。而且這個東西也與他人相混雜，成為涵容萬物的能量場的一部分。此能量場被視為所謂的量子網（quantum net），不僅將宇宙連結一起，也連結一張極微觀且充滿活力的藍圖，勾勒出從療癒身體到打造世界和平在內的一切萬物。我們必須對能量場及其運作方法有所了解，才能認清自己真正的力量。

假使生活在新墨西哥州北方峽谷中的遠古者（或世上任何一處的遠古者），知道這個已遭我們遺忘的力量如何運作，那麼若能榮耀祖先的知識，並在這個時代為其智慧找到定位，就具有極大的意義。

我們「真的」彼此連結在一起嗎？

現代科學正熱衷為史上最偉大的謎題尋求解答。你在晚間新聞看不見這則消息，或許它也不會出現在《今日美國報》（*USA Today*）或《華爾街時報》（*The Wall Street Journal*）的頭版。然而在所謂「新物理」（new physics）的科學領域中，其累積近七十年的研究，正指向一個我們無法躲避的結論。

關鍵2　世上的一切皆與其他一切萬物相連。

就是這樣，真的！這就是改變一切，撼動今日所知之科學基礎的消息。

「好啦，這消息以前就聽過了。**這個**結論又有何不同？這種連結有什麼意義？」你說。這些都是好問題，答案卻可能教你吃驚。這些新發現和過去我們所相信的，差別在於，過去我們只是**被告知**這份連結的存在。透過「對初始狀態的敏感依賴性」（即「蝴蝶效應」）等專有術語，以及暗示「『這裡』的作為將對『那裡』產生影響」的理論，我們可以模糊觀察到生命中展現的連結。不過新的實驗把我們更往前帶了一步。

今日的研究不僅探索我們與萬物之間的連結，還證實這份連結是**因為**我們才存在。我們彼此間的關連性，使我們有能力為生命的成果累積一手好牌。從尋找愛情到療癒心愛的人，以及填補內心最深的渴望等等，我們本身就是每日經歷不可分割的一部分。

這些發現顯示，我們能夠有意識地運用這份連結，進而開啟汲取驅動宇宙能量的機會。透過存在於你我及所有人類擁有的一體性，可以看見我們與創造原子、星球和DNA等一切萬物的那股力量，具有直接關係。

不過，有個問題在於，我們的力量被喚醒之前，是處於冬眠狀態。要喚醒如此非凡的力量，對自己在世界中角色的看法必須稍做改變。一如洛格筆下的新生被輕推一下，就能跳崖飛起般（見〈前言〉詩篇），只要感知方式略微改變，我們就能與宇宙中最威猛的力量連接，從而面對各種看似不可能的情境。當我們允許自己以新的角度，看待自己於世界中的角色時，改變就能產生。

由於宇宙實在太浩瀚，可以說超越人類想像，所以建議先從轉變看待自己在日常生活的角色著手。我們需要的「小轉變」，就是把自己視為世界的**一部分**，而非與它**分離**。但在此之前，必須先了解我們是**如何**連結在一起，此連結又意味了**什麼**，才能說服自己，我們與萬物確實是一體的。

關鍵3 若要運用宇宙本身的力量，必須將自己視為世界的「一部分」，而非與之「分離」。

宇宙的「東西」（能量波與粒子）由結合萬物的連結所組成，這個概念似乎打破了我們過去所知的時空定律。儘管其中細節就像科幻小說一樣，卻是真實無比，譬如光的粒子（光子）能同時出現在兩地，也就是在同一瞬間，出現在分隔數里的兩地。

大自然中，包括人體內的DNA到存在於萬物中的原子等一切物質，分享訊息的速度，似乎比愛因斯坦所預測任何物體能移動的速度更快，也就是比光速更快。某些實驗中，訊息甚至在離開出發地**之前**，就已經抵達目的地！這種現象在歷史上一直被認為是不可能的事，但顯然這不僅可能，而且除了顯示物質的小單位會打破定律之外，還說明了其他事情。我們的眼光若能超越現知的物理學，量子粒子呈現的自由運動或許能揭露宇宙運行的方式。

雖然研究成果聽起來像描寫未來的《星艦迷航記》（*Star Trek*）影集內容，卻受到現代科學家密切觀察。實驗各自有其驚人成果，當然很值得繼續研究，然而整體來看，實驗也暗示我們並非如自己所想的，受到物理定律的限制。或許物體**的確**能夠以超越光速的速度移動，或許真**能**同時出現在兩地！假使**物體**擁有這種能力，那我們呢？

激發今日的改革家、以及擾動我們的想像力的，正是這些可能性。臆測事物可能性的想像力，再搭配上某種情緒，就能活絡可能性，使其成為真實狀態。願意在信念之中，給予原本不可能存在的事物存在的空間，就是夢想成真的開始。我們就是透過意識與覺知的力量，創造出那「某種東西」。

詩人威廉·布雷克（William Blake）看見了想像力的力量，認為那是人類存在的本質，而非閒暇之餘偶一有之的單純經驗。「人類就是想像力，」他說明，「想像力是人類不朽的軀體，也就是神本身。」❷ 哲學家暨詩人約翰·麥肯錫（John Mackenzie）進一步解釋我們與想像力之間的關係，認為「真實與想像之間的差異，無法維持清晰的界線……一切存在……都是想像而來。」❸以上兩個陳述都主張，生命中的具體事件必須先被視為可能，才能成為真實狀態。

然而，要讓某一刻的想像在另一刻成為真實狀態，兩者間必須存在某種東西使之相連，因此在宇宙的結構裡，必然存在著某種連結，串連起過去的想像與現在及未來的真實狀態。愛因斯坦深信過去與未來，在所謂的第四度空間，也就是他稱為**時空**（space-time）的真實狀態中緊密糾纏著。「過去、現在與未來之間的差別，只是個頑固不退的幻覺。」他說。❹

我們至今才開始了解到，自己不僅與今日生活中的一切相連，也與過去曾經存在，以及尚未發生的一切相連。**此刻**所體驗的事物，是發生在宇宙中某個看不見領域內事件的結果（至少某種程度上是如此）。

這些關係具有極大的意涵。可以說，從全球和平到個人療癒在內的一切事物，都由一張智慧的能量網相互連結。生活在這樣的世界裡，生命中原本聽起來像是幻想與奇蹟的事物，突然間都變得可能了。

知道這些連結的存在後，我們必須開始從更有力的新角度，思考自己與生命、家人，以及朋友之間的相處模式。不論好壞、對錯，從最不經心和最美麗的生命經驗，到人類最可怕的痛苦折磨，一切都不能再視為只是機緣巧合。顯然，想要實踐療癒、和平、富足，並創造能帶來喜悅的經驗、事業和人際關係，關鍵在於了解在真實存在的狀態中，我們與萬物的連結究竟有多深刻。

尋找無量之網

我還記得第一次將這個連結的消息，轉述給在峽谷遇見的印第安友人的情境。那一回，我們在地方市集不期而遇，我熱切地與他分享才從報上讀到的消息：一個「新的」、前所未聞的統一能量場才剛被發現。

我滔滔不絕地說：「這個能量場連結了一切萬物，使我們與這個世界、與彼此，乃至地球以外的宇宙相連結，就跟我們之前談論過的一樣。」

朋友沉默了片刻，如他一貫的作風，藉此尊重我的興奮之情。幾秒鐘後，他作了個深呼吸，接著以我見識過多次的坦白態度，直接回答我。他非常誠實且開門見山說：「所以，你們終於發現一切是互相連結的！我們自始至終如此認為。很高興你們的科學總算也弄明白了！」

若有個智慧能量場真的在宇宙的運作中扮演如此強大的角色，為什麼我們直到最近才得知它的存在？我們才剛走完第二十世紀，而這個世紀很可能被歷史學家視為史上最非凡的時期。人類在一個世代間，學會如何釋放原子的力量，把一條街大的圖書館資訊儲存在一個電腦晶片上，還學會閱讀與操弄生命藍圖ＤＮＡ。在完成這些驚人的科學成就之際，我們怎麼會錯過所有發現中最重要的一環，也就是讓我們擁有創造力的知識？答案可能會讓你感到吃驚。

其實尚未很久以前，有科學家曾經做了一個實驗，試圖證明是否存在著一個智慧能量場，希望能藉此解決我們是否透過此能量場而彼此相連的謎題。儘管研究的想法非常好，我們卻在百餘年後的今日，仍在彌補該著名實驗的詮釋所帶來的傷害。這使得二十世紀的科學家，若膽敢提起在本應是空無的空間中將萬物連結起來的統一能量場，就會被嘲笑趕出教室或離開大學舞台。除了少數的例外，嚴肅正經的科學研討根本不接受、甚至不允許這個概念存在。不過，事情並非一直如此。

儘管將宇宙連結在一起的究竟是什麼，至今仍然是個謎，但為了宣告它的存在，人類曾嘗試為它多次命名。譬如佛經中的大神因陀羅[2]掌管的領域，被描述成是連結宇宙之網的源起：「在遙遠天界的因陀羅天宮之中，巧匠掛起一張朝四面八方無盡延伸的寶網。」❺[3]

在霍比族[4]的創世神話中，世界目前的循環是很久以前源自祖母蜘蛛（Spider Grandmother）於空無之界浮現之際，她所做的第一件事是織一張連結萬物的網，藉由這張網，為孩子們創造了生活的世界。

自古希臘時代起，相信宇宙存在著連結萬物的能量場者，都稱呼此能量場為**乙太**（ether）。希臘神話中，乙太是空間的本質，是「諸神呼吸的空氣」。在為人熟知的火、風、水、土四元素外，畢達哥拉斯和亞里斯多德也將乙太定義為神祕的第五元素。後世的煉金術士用希臘文來描述世界，這些名詞因此被延用至現代科學誕生為止。

相對於今日多數正統科學家的看法，歷史上某些偉大的思想家不僅相信乙太存在，對其存在還有更進一步的看法。他們認為，要讓物理定律如常運作，乙太是**必需的**。在十七世紀，現代科學之「父」，艾薩克．牛頓爵士拿乙太來形容蔓延於整個宇宙中的無形物質，他相信這個物質不僅與重力，也與身體知覺有關。他認為乙太是某種活生生的靈體，但同時也明白在他的時代，還沒有任何儀器能證實它的存在。

一直到十九世紀，提倡電磁場論的詹姆士．克拉克．麥克斯威爾（James Clerk Maxwell），才正式為連結萬物的乙太提出一套科學性描述。他把乙太描述成某種「比視覺可見的物體更加細緻的物質，且應存在於看似空無的空間之中。」❻

直到二十世紀初期，仍有部分廣受尊崇的科學家，持續使用古老名詞來描述這個填滿空無空間的本質。他們認為乙太是一種真實物質，其質感介於物理物質與純能量之間。科學家推論，光波是透過乙太在看似空無的空間中，從一個點移動到另一個點。

諾貝爾物理學獎得主亨德里克．勞倫茲（Hendrik Lorentz），曾於一九〇六年說：「乙太很可能是電磁場傳遞能量與震動的基座，不論與一般物質差異多大，我不得不承認它具有某種程度的實質性。」❼勞倫茲發展出來的公式，是愛因斯坦在後來發展出革命性相對論所使用的工具。

就算愛因斯坦的理論似乎摒除了宇宙需要乙太的說法，他也相信將來必定會有新發現，解釋是什麼占據了空無的空間。他說：「沒有乙太的空間，是不可思議的。」對於那使波能穿越一切的物質，愛因斯坦的看法和勞倫茲及古希臘人相當類似，他表示乙太必須存在，物理定律才能成立，「在那樣（無乙太）的空間裡，不僅光無法傳遞，時間與空間的衡量標準也不能可存在。」❽

愛因斯坦一方面承認乙太存在的可能性，另一方面卻又警告世人不該以一般能量角度來看待它。「不該把乙太視為具有可衡量特質的媒介，認為它由可在時間中追溯蹤跡的元件〔粒子〕所組成。」❾他藉此說明，基於乙太的非傳統本質，其存在仍可與他的理論相容。

如今，只要稍一提起乙太場域，總不免要激發雄辯，爭論它是否存在。但往往話還沒說完，大家總不禁想起那次要證明乙太存在與否的著名實驗。而一如相關研究案例常有的狀況，實驗結果引發的問題與爭議，比解決的問題還多。

史上最偉大的「失敗」實驗

在百餘年前進行的乙太實驗，是以設計此實驗的兩名科學家，艾伯特．米克森（Albert Michelson）及愛伍德．莫爾里（Edward Morley）為名。米克森—莫爾里實驗的唯一目的，是證實宇宙中神祕的乙太是否存在。這個眾所期盼的實驗，同時也為了確認另一場進行於一八八一年類似實驗的結果而設計，卻於一八八七年，成為現今凱斯西儲大學（Case Western Reserve University）科學家之間的一場流言❿。最後，它造成的結果，就連十九世紀末最聰明的人也意想不到。

毫無疑問，實驗的基礎想法在當時相當創新。米克森和莫爾里認為，如果乙太真的存在，它一定是某種無所不在、安靜且靜止的能量。若真如此，那麼地球在太空中穿越此能量場時，應該會引起一陣可被測量的運動。正如同空氣越過堪薩斯平原上的金黃麥田時，可以偵測到其所引起的波浪般氣流，我們應該也偵測得到乙太「微風」（breeze）。米克森和莫爾里將這個假設現象稱為**乙太風**。

飛行員都知道，飛機**順**著空中氣流飛行時，從一點抵達另一地點的時間短許多。不過，飛機若是**逆**流飛行，不僅航行不穩，風阻還會使航程多出幾小時。因此米克森與莫爾里認為，假使朝兩個方向同時各發射一道光束，兩道光束抵達目的地的時間差，就可以偵測到乙太風的存在與流向。這個實驗的想法很好，只是結果讓所有人大吃一驚。

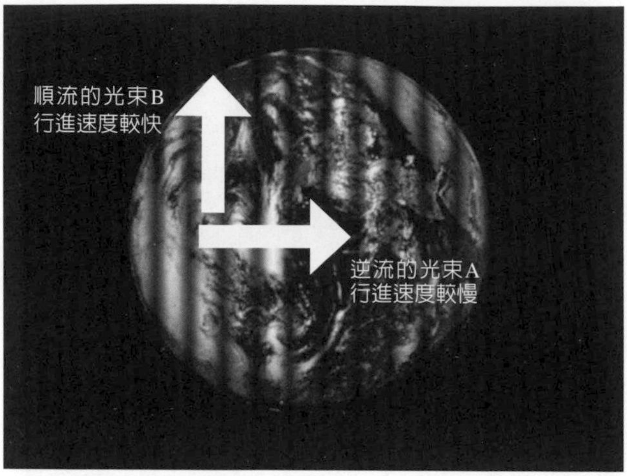

米克森與莫爾里相信，假使以太存在，那麼逆著以太之流而行的光線（A）行進速度較慢，而順流而行的光線（B）速度較快。這場於一八八七年進行的實驗，沒有找到流動的證據，因此結論是以太不存在。這個詮釋所導致的結果，困擾科學家長達百餘年。一九八六年，《自然》期刊上發表了以更敏銳儀器所進行的實驗，結果測得一個具有以太特質的場域，而且表現正如一世紀前的舊預測所言。

總言之，米克森和莫爾里的實驗儀器沒有偵測到乙太風。一八八一年和一八八七年的兩場實驗似乎都得到相同的結果：乙太不存在。米克森在權威的《美國科學期刊》（*American Journal of Science*）上，如此詮釋史上「最成功的失敗實驗」結果：「實驗結果顯示，乙太場域常駐存在的假設是錯誤的，因此基於該假設所推得的結論不正確。」[11]

儘管這場被描述為「失敗」的實驗，是為了證實乙太的存在，但它其實證明了乙太場域的作用方式與科學家一般期待的不同。沒有偵測到乙太的運動，不表示乙太不存在。一八八七年的實驗結論，有點像是把手指高舉到頭上測試風的存在，由於測試時沒有感覺到風吹，於是便推論空氣不存在。

現代科學家把實驗作為乙太不存在的證明，在宇宙萬物彼此獨立的假設下進行研究。也就是說，他們接受個體在世界某一角落的作為，不僅與其他地區毫無關連，也對地球另一端的人毫無影響。這個實驗可以說成了今日世界觀的基礎，對我們的生活和地球產生深遠的影響。這種萬物毫無關連的想法，使我們在經營國家、為城市供電、試爆原子彈、耗竭資源之際，一直相信在此地所做的事情，對其他地區毫無衝擊。自一八八七年以來，整個文明的發展完全奠基於萬物彼此分離的信念上，但新的實驗顯示前述假設錯誤！

百餘年後的今天，新研究顯示乙太（或類似的物質）確實存在，只不過與米克森和莫爾里所預期的型態不同。他們相信這個場域應該靜止不動，而且和十九世紀中期發現的其他能量型態一樣，是由電力與磁力組成，因此他們尋找的是如傳統能量型態的乙太。但是乙太一點也不傳統。

一九八六年，《自然》（*Nature*）期刊出版了一篇標題簡單寫著〈狹義相對論〉（Special Relativity）的謙虛報告⑫，描述一項在美國空軍贊助下，由科學家謝爾弗圖思（E. W. Silvertooth）進行的實驗，其結果同時撼動了米克森—莫爾里實驗的基礎，及我們對於自己與世界相連結的信念。謝爾弗圖思複製了一八八七年的實驗，但使用更敏銳的儀器進行測量，最後提出報告，表明他**確實**測量到乙太場的運動。而且，一如過去所預測，乙太場的運動果真與地球穿越太空的運行有關！這實驗及爾後其他實驗都顯示，如普朗克於一九四四年所說，乙太確實存在。

儘管現代科學實驗持續指出這個場域的存在，我們卻無法再將之稱為「乙太」。在科學領域裡，只要提及這個名詞，立刻引發「假科學」、「一派胡言」等形容詞的聯想。本書第二章將會提到，人類正以截然不同的說法，來思考此一無所不在的宇宙能量場。由於證實其存在的實驗實在太新，因此還沒有單一名稱能表達它。然而，不論我們打算如何稱呼它，宇宙中絕對存在某種東西，連結了世間的一切，甚至超越世間一切。而人類才正要開始了解它對我們的影響。

一切究竟怎麼發生的？我們怎麼會錯過了解宇宙如何運作的重要關鍵？這個問題的答案，直搗了一項探索的核心。這項探索在過去兩個世紀間，引發偉大思想家之間最激烈的衝突與爭辯，持續至今。而一切，全關乎我們如何看待自己於世界中的角色，以及對此觀點的詮釋。

關鍵在於連結宇宙萬物的能量，也是它所連結的一部分！拋開這個場域和日常生活真實狀態不相干的看法，實驗告訴我們，世俗可見的世界，確實源自於此場域。無量之網彷彿是張大毯子，在宇宙中平滑地延展，偶爾在四處起「皺摺」，形成我們所認得的岩石、樹木、星球或某個人。基本上，萬物不過是場域中的漣漪。在想法上做出這番微妙卻有力的轉變，正是在生命中汲取無量之網力量的關鍵。但想法轉變之前，我們必須先了解科學家為何會以今日的觀感來看待世界。

物理簡史：不同世界不同規則

科學其實是一種語言，用來描述自然世界，以及我們與自然和遙遠宇宙的關係。不過，科學只是語言的一種，在現代科學發展成形之前，我們早就使用過其他語言（例如**煉金術**和**宗**

教），它們或許不夠精密，卻非常受用。「沒有科學之前，我們是如何度日？我們對自己的世界有絲毫認識嗎？」別人問及這些問題時，我總是很驚訝，因為答案一直是「是的！」。以前人類對宇宙的認識還真不少。

古人知道的知識相當有用，能夠為已知一切建立完整的理解架構，包括生命起源、人類為何生病、該如何治療，乃至計算太陽、月亮和星星的循環週期。儘管他們顯然不是以現今慣用的術語來描述知識，卻對事物運作、為何呈現出其外顯模樣等等，提出非常有用的敘述。事實上，多虧了敘述，文明才能夠不倚賴今日所知的科學存活了五千年。

一般認為，科學與科學時代始於一六〇〇年代。當時牛頓在一六八七年七月推演出似乎能夠描述日常生活世界的數學，出版了經典之作《自然哲學之數學原理》（*Philosophiae Naturalis Principia Mathematica*）。

牛頓對自然的觀察，成為今日所謂「古典物理學」的基礎，時間長達兩百餘年。加上一八〇〇年代末期麥克斯威爾提出的電力與電磁理論，以及一九〇〇年代初期愛因斯坦的相對論，古典物理學成功描述了我們眼中的大世界，例如星體的運轉和蘋果從樹上掉落的現象。這些學問對我們非常有用，甚至讓我們計算出人造衛星的軌道，還把人送上了月球。

但是到了二十世紀初，科學已經先進到在自然界中發現一個牛頓原理似乎不管用的地方，那就是原子的微觀世界。在此之前，我們根本沒有適當的科技，可以一窺次原子的世界，或觀看遙遠星雲裡，恆星誕生時的粒子運動模式。科學家在這兩個極微觀和極宏觀的領域中，漸漸發現無法以傳統物理學來解釋的事物。新興物理學的發展勢在必行，才能解釋日常生活中的特例，也就是發生在量子物理層次的事物。

量子物理學的定義正如其名。量子指的是「電磁能量的離散量[5]」，也就是把世界分解到其本質時，組成世界的物質。量子物理學很快就發現，看似固態的世界，其實一點也不固態。以下的比喻可以幫助我們理解此說。

電影院的影片投射在螢幕上時，我們知道眼前所見的故事是一種幻覺，扣人心弦的愛情故事和悲劇，事實上是由靜態照片接二連三快速閃過的結果，藉此創造出連續性故事的**感覺**。我們的眼睛確實看到一格接著一格的單格影像，但是大腦把它們融合在一起，使我們感覺那是連續不斷的動作。

量子物理學家認為，世界也以類似的方式運作。打個比方，我們在星期天體育節目中，看到美式足球員達陣得分或花式溜冰選手的連續三圈半跳躍，以量子學的術語來說，其實是看到了一連串個別獨立的事件，以極快且緊密連續的速度發生。就像由許多影像串連後的電影看起來非常真實一樣，生命事實上也是透過許多短暫的細微光爆所發生，這些光爆統稱為「量子」（quanta）。生命量子發生的速度極快，除非大腦受過訓練，能以不同方式運作（如某些冥想形式），否則它會單純把所有脈衝化為平均值，創造出在體育節目中看到的連續活動。

因此，量子物理學這門學問，研究的是構成物質世界基礎之微小規模的力（force）。量子世界和日常生活世界間運作模式的差異，在現代物理學家之間創造出兩種不同學派，即古典物理學與量子物理學，而且各有各的理論支持。如今面臨的挑戰是，如何把兩種非常不同的看法，結合成單一宇宙觀，產生一個統合理論。要這麼做，某種填充於被認為是空無空間內的物質就必須存在。但占據空間的究竟是什麼？

總覽：到達統合理論的漫漫長路

一六八七年——牛頓學派物理學（Newtonian Physics）：牛頓發表物體運動法則，現代科學誕生。這個理論把世界視為一個巨大的機械系統，其中的空間和時間為絕對值。

一八六七年——場域物理學（Field-Theory Physics）：麥克斯威爾提出牛頓物理無法解釋的力的存在。他及法拉第（Michael Faraday）的研究最後發現，宇宙是由諸多彼此互動的能量場所組成。

一九〇〇年——量子物理學（Quantum Physics）：普朗克發表理論，認為宇宙是連續的能量爆（bursts of energy），也就是所謂的「量子」。在量子層次的實驗，顯示物質是以可能性（probabilities）和傾向（tendencies）的方式存在，而非絕對物質。這暗示了「真實狀態」或許並不那麼真實，也不見得是固態的。

一九〇五年——相對論物理學（Relativity Physics）：愛因斯坦的宇宙觀推翻了牛頓的物理學，認為時間是相對而非絕對的。相對論的關鍵在於時間與空間不可分離，共同存在，成為第四度空間。

一九七〇年——弦理論物理學（String-Theory Physics）：物理學家發現將宇宙描述為震動中的微小能量弦線的理論，可以解釋在量子物理和日常生活中觀察到的一切。一九八四年，主流物理學家正式接受這個理論，認為它是統合一切理論的可能橋樑。

二〇ＸＸ——**新改良的物理統合理論**（The New and Improved Unified Theory of Physics）：未來的某一天，科學家將發現一種可以用來解釋量子世界以及日常所見世界中之「全像本質」（holographic nature）的方法。他們將推演出適當公式，藉此將他們對世界的詮釋，整合為一個前後如一的故事。

空無中存在著什麼？

電影《接觸未來》劇情開始時，朱蒂．福斯特（Jodie Foster）飾演的主角阿羅威博士問她爸爸：「我們在宇宙中是孤單的嗎？」這個問題在電影後續情節不斷出現。父親的回答成為她日後生活中一切真理的試金石。在她感到特別脆弱時，譬如讓愛情進入生命，或必須信任自己被傳輸到遙遠太空後的經驗時，父親的話成為她信念的指導原則。他的回答很簡單：「假使我們在宇宙中是孤單的，未免太浪費這浩瀚空間了。」

同樣的，我們如果相信兩物之間的空間是空無的，似乎也是極大的浪費。科學家相信百分之九十的宇宙「遺失」了，而且是個看起來空無的空間。意思是，就我們所知的宇宙，只有百分之十有物體存在。你真的相信只有百分之十嗎？而我們認為是「空無」的空間裡，又存在著什麼？

假使確實真是空的，那麼有個大問題一定得找出答案，那就是包括傳輸手機電話，並將這頁文字反射到你眼中的能量波，如何從一處抵達另一處？必定有某種東西負責將生命的震動，從一處傳遞到另一處，就如同石頭投入池塘時，水負責將漣漪外傳。而假說若要成立，就得顛覆現代科學一個關鍵原則，也就是所謂空間是真空的觀念。

只要能解決空間是由何物組成的謎題，對自己與周遭世界的了解就能往前一大步。你將會看到，這個問題不僅跟人類的存在一樣古老，答案也可能一直就在身邊。

從澳洲崖壁上刻畫的原住民歷史（如今被認定超過二萬年）、古埃及神廟，到美國西南部的岩石藝術得知，我們對自己與宇宙、周遭世界和彼此相連的觀感，自古至今顯然始終如一。儘管如今對此信念比過去更深信不疑，但連結我們的物質究竟是什麼，仍然是爭議主題。我們若彼此相連，必然有某種東西負責連結的動作。從詩人、哲學家、科學家和那些追尋超越當代思想所能接受的答案的人身上，可知人類一直感覺到，在所謂的「空間」裡，其實存在著某種東西。

物理學家康拉德．菲納格（Konard Finagle，一八五八—一九三六），曾針對空間的重要性提出一個很明顯的問題：「想想，如果把物質之間的空間拿掉，會發生什麼事？宇宙的一切將會緊縮到不如一粒沙塵大……空間，使一切避免在同一位置發生。」[13]考古學先驅路易斯．李奇（Louis Leakey）也曾說過：「若無法了解自己是誰，我們將無法真正進化。」我相信這句話包含著真理。我們過去看待自己的方式，足以使我們成為今日的模樣。現在，該是為自己開啟通往新觀點之門，讓人類擁有更大可能性的時候了。我們之所以懷疑空間是由某一智慧力量組成，而且人類屬於其中一部分，或許是因為不情願接受此事，才會在了解自己是誰和宇宙如何運作的過程中，一路踉蹌。

現代科學或許終於在二十世紀發現空無的空間裡，存在著一種與其他能量型態不同的能量場。正如因陀羅的寶網和牛頓的乙太所說，這層能量似乎無所不在、無時不有，而且從時間之始即已存在。一九二八年，愛因斯坦在一場演講中說：「根據廣義相對論，沒有乙太的空間是不可思議的，因為那樣的空間裡，不僅光無法傳遞，時間與空間的衡量標準也不可能存在。」[14]

普朗克表示這個場域的存在，暗示了智能（intellugence）是物質世界存在的原因。他做出這番結論：「我們必得假設在這股力量（即我們眼中的物質）之後，存在著一個**具意識及智慧的心智**。而這個心智是所有物質的**母體**。」[15]

獅子的尾巴

不論我們談的是星球與星雲之間的太空，或組成原子的能帶（bands of energy）間的微空間，都自然認為物體之間的空間是空的。當我們說某物是「空的」，通常意味著空無一物，沒有任何東西存在。

在不知情的人眼中，我們所謂的「空間」看起來真的很空。但究竟有多空？認真想一想，假使物質之間的空間真的什麼也沒有，會是個什麼樣的世界？我們可能無法在宇宙中找到這樣的地方，原因之一就像俗諺所說：「大自然厭惡真空」[6]。就算能奇蹟似地把自己傳送過去，生命在那裡會是什麼模樣？

首先，那會是個黑暗之所，雖然可以「打開」手電筒，光芒也無法傳遞到任何地方，因為沒有東西能讓光波穿越。那景象就像是朝著乾池塘丟石頭，然後等待表面出現漣漪一樣。不論有沒有水，石頭都會落入池底，但不會產生波浪，因為原本在撞擊後應輻射出來的漣漪，缺少媒介來傳遞波浪。

基於相同的理由，上述的假設性世界也會寂靜無聲，因為聲音同樣必須透過某種介質傳遞。事實上，從風的運動到陽光的熱能等今日已知的能量型態，幾乎也無法存在，因為在真正空無一物的空間裡，電場、磁場、輻射乃至重力，都不再具有原本的特質。

所幸，我們並不需要去推測那會是個什麼樣的世界，因為環繞在我們身邊的空間，一點也不空。不論我們如何稱呼，科學如何定義，空間裡顯然存在著一張「大網」，連結一切造物，也將我們與更高層次中的更偉大力量連結在一起。

愛因斯坦在二十世紀初曾表示，肯定有個神祕力量存在於周圍宇宙。「大自然只讓我們看見獅子的尾巴。」意思是，儘管我們無法從自己於宇宙的所在之處看見一切，但除了眼中所見的真實狀態之外，還有更多的存在。愛因斯坦的宇宙觀向來既美妙又有說服力，他如此闡述對宇宙的比擬：「獅子因為體型太龐大，而無法一次完整現身，但那確實是獅子的尾巴，對此我毫無疑問。」⑯ 在後來的文章中，愛因斯坦繼續說明，無論我們是誰，在宇宙中的角色為何，都隸屬於某個更偉大的力量，「不管是人類、蔬菜或星塵，全都隨著遠方某個無形吹笛手演奏的神祕音調而起舞。」⑰

普朗克在宣稱造物的背後存在著智能時，描述的正是愛因斯坦所說的獅子能量。這個宣告點燃了一場延燒至今的爭議之火，越演越烈。爭議的核心：關於世界是由什麼組成（以及宇宙的真實相狀）的老觀點，已被拋到九霄雲外！半個多世紀之前，量子理論之父早已告訴我們，萬物透過一個非常真實且不傳統的能量型態，彼此相連。

源起的連結：量子糾纏

自普朗克於二十世紀初發表量子物理公式後，後續有眾多理論被發展出來，許多實驗似乎也證實了他的見解。

在宇宙最微觀的層次上，原子與次原子粒子確實表現得像是彼此相連。問題是，科學家不知道在如此微小規模上觀察到的行為，對日常生活上更廣闊的真實相狀有何意義，或是否具有意義。若是，則表示科幻小說中神奇的科技很快就會出現在現實生活裡！

來自德國、中國及奧地利的科學家，於二〇〇四年提出一份彷如幻夢的科學實驗報告。在《自然》期刊上，這些科學家發表第一份有紀錄的終端開放隱形傳輸實驗（open-destination teleportation），也就是將某一粒子的量子資訊（其能量藍圖）同時傳送到不同地區。[18] 換個方式說，傳送程序就像是「在傳真文件的同時，摧毀原文件。」[19]

其他諸多實驗也證實了同樣難以想像的事蹟，例如將粒子以「光波傳送」（beaming）到另一處，或同時在兩地出現。雖然各個實驗內容大不相同，卻具有共同要素，那就表示隱含著更大的內情。因為若要產生實驗顯示的作用，空間裡必須具有某種介質，也就是具有允許粒子穿越其中的物質存在。而這正是我們所處時代面臨最大的謎題，因為傳統物理學聲稱如此介質並不存在。

一九九七年世界各地的科學期刊，對超過四十個國家的三千四百位記者、教育學者、科學家和工程師，出版了傳統物理學家會說不可能的研究結果。實驗由瑞士日內瓦大學所進行，對象是組成世界的物質，也就是光的粒子，即**光子**（photons）。這項研究結果持續撼動傳統學術知識的基礎。[20]

科學家將一顆光子分裂為二，形成兩個獨立粒子，創造出具有完全相同特質的「雙胞胎」。接著，他們使用為此實驗打造的設備，將兩顆粒子朝相反方向射出。孿生粒子被安置在特殊設計的裝置中，兩道類似傳輸電話訊息的光纖，從裝置兩端朝反方向延伸達十一點二公里。當孿生粒子各抵達目標，彼此已分隔二十二點四公里遠。在旅程的末端，孿生粒子被迫「選擇」穿越兩道隨機途徑，兩邊面對的路徑在各方面完全一模一樣。

實驗最有趣的地方是，當孿生粒子抵達末端要選擇途徑時，選擇卻完全一樣，總是穿越相同的途徑。每次的實驗中，孿生粒子選擇的途徑始終一致，從未出錯。

儘管傳統學術知識聲稱雙胞胎是分離的，彼此間並無溝通，它們卻**表現**得彷彿仍然相連一般！物理學家將這神祕的連結稱為「量子糾纏」（quantum entanglement）。計畫主持人尼可拉斯・吉辛（Nicholas Gisin）解釋說：「令人著迷的是，糾結的光子形成單一相同的物體。即使孿生光子被分離，只要其中一個發生變化，另一個也會自動產生同樣變化。」[21]

歷來的傳統物理學中，完全沒有理論能夠解釋實驗結果。然而，我們在類似吉辛的各種實驗中，一再看到相同結果。加州柏克萊大學的趙雷蒙博士（Dr. Raymond Chiao）進一步描述日內瓦實驗結果是「量子力學最深層的奧秘。這些連結是經實驗證實的自然現象，但要試圖解釋其中哲理，卻非常困難。」[22]

此類實驗之所以很重要，是因為傳統學術知識使我們相信光子不可能彼此溝通，它們的選擇是獨立且無關連。因此我們也相信，物質世界的物體彼此分離時，就是真的全然**分離**。但是光子帶來了不同的答案。

在一九九七年的實驗進行前許多年，愛因斯坦就曾經對這種現象提出過評論，把發生結果的可能性稱為「鬼魅般的遠距作用」。現今的科學家相信，非傳統的實驗結果擁有的特質，只會發生在量子領域，因而將之稱為「量子怪異性」（quantum weirdness）。

光子之間的連結非常完整，似乎是同步發生。我們在光子如此微小的規模上發現此一現象後，隨即也在自然界其他地方，乃至彼此相距光年之遙的星雲之中，發現相同景況。「原則上，孿生粒子發生關連時，不論彼此是相隔幾公尺或整個宇宙，結果並無差別。」吉辛說。為什麼？什麼東西能夠連結兩個光粒子或兩個星雲，使第一個出現變化時，第二個也同時改變？世界運作的模式中，有什麼是被以往的早期實驗錯失的？

要回答這類問題，必須先了解無量之網來自何處。想要了解這點，我們得往後退一步，退到西方科學家認為是萬物之初，或者至少是宇宙之初的時間點。

無量之網的起源

今日的主流科學家相信，宇宙大約開始於一百三十億到兩百億年前的一場空前大爆炸。儘管對於確切的時間，以及那是一次或多次的爆炸事件，仍爭議不休，但大家似乎有個共識，即宇宙是因為很久以前的一場能量大釋放而開始形成。一九五一年，太空人弗瑞德·霍依爾（Fred Hoyle）為這場難以理解的爆炸取了個沿用至今的名字，即「大爆炸」（big bang）。

經過研究人員的計算，大爆炸發生前的瞬間，整個宇宙的體積比現在小非常多。電腦模擬程式顯示，當時的宇宙小到只是一顆緊密壓縮的小球。科學家相信，移除我們今日所見的宇宙內所有的「空無」空間後，小球大約只有一粒豌豆那麼大！

豌豆大的宇宙或許很小，卻一點也不冰冷，模擬程式顯示，在緊密壓縮的空間裡，溫度高得難以想像，可達攝氏一百億百萬百萬百萬度（十的二十八次方），比太陽現今的溫度還要高許多倍。在大爆炸後的瞬間，宇宙溫度可能降到舒適的攝氏一百億度，新宇宙的誕生於焉展開。

大爆炸的力量在當時的虛空內，向外擴散到空無之中，不僅散播我們所預期的熱與光，也向外爆發出某種能量模式，此能量成為現有的一切萬物的藍圖。這個能量模式正是古神話、永恆的傳說和神祕智慧的主體。從佛經中的因陀羅之「網」，到美國印第安霍比族的祖母蜘蛛之「網」，人們對此能量模式的呼應持續至今。

能量網持續在宇宙各個角落擴張，它是一切萬物，包括人類和周遭環境在內的量子本質。將我們與無量之網相連在一起的就是這股能量。也是這股能量，如一面多重面向的鏡子，將我

們在情緒與信念中創造的事物，以世界的型態照映在我們眼前。（見第三部）

我們怎能如此肯定宇宙間的**萬物**真的彼此相連？要回答這個問題，讓我們回頭再看看大爆炸和日內瓦大學的實驗。看似截然不同的事件中，其實有著微妙的相似處：兩起事件探討的連結，都存在於原本在實體上相連的兩物之間。在實驗中，單一光子被分裂為兩顆相同的孿生粒子，如此才能確保兩者各方面都相似。而大爆炸中的光子與粒子，在實體上也曾一度是彼此的一部分，這就是其連結性的關鍵。似乎，某些物質若曾經結合為一體，不論其實體是否持續相連，**都將永遠相連**。

關鍵4：某些物質若曾經結合為一體，不論實體是否持續相連，「將永遠相連」。

基於一個很重要卻經常被忽略的理由，這個關鍵對我們的討論尤關緊要。我們今日看見的宇宙如此龐大，連最遙遠恆星都要花幾十億光年，才能將光芒送到我們眼中。儘管如此，宇宙中一切物質都曾經被壓縮在一個極小的空間。在不可思議的壓縮狀態中，所有物質在實質上完全結合。大爆炸的能量導致宇宙擴張，物質的粒子才開始被越來越大的空間分離。

實驗顯示，不論兩個物體之間的空間多大，只要曾經結合，就會永遠連結。沒有理由不相信，相連兩顆已分離的粒子的糾結狀態，不能運用在大爆炸前曾經相連的宇宙諸物上。技術上，一百三十億到兩百億年前，從豌豆大小的宇宙延伸而出的一切事物，至今仍然彼此相連！而那負責連結工作的能量，就是普朗克所描述的一切萬物的「母體」。

今天，現代科學對普朗克的母體有了更進一步的了解，認為從大爆炸那一刻展開時間起，能量就無時無刻無所不在。此能量場域的存在具有三個意義，能直接左右我們的生活方式、作為、信念以及對每天生活的感受。無可否認地，這些意義與現行的科學和既有的靈性信念牴觸衝突。然而衝突的同時，卻也能使我們以充滿力量及肯定生命的方式，看待世界、活出生命：

1. 第一個意義：由於萬物皆存在於無量之網內，故彼此相連。若是如此，那麼我們在生命某處的作為，必然也會對其他部分造成影響。

2. 第二個意義：無量之網是**全像的**，這表示此場域中的任何部分，皆包含了場域的每一部分。假使意識是全像的，那麼我們在客廳所作的祈禱，**早已**抵達目的地，與我們關切的對象同在。換言之，不需要將祈禱傳送到任何地方，它們即早已存在於各處。

3. 第三個意義：過去、現在和未來緊密相連。無量之網是時間的容器，為我們現在的選擇和未來的經驗，提供了時空的連續性。

不論我們如何稱呼它，不論科學和宗教如何定義它，宇宙裡確實有某種力量、場域或存在，那是一張大「網」，將我們和彼此、世界及更高層次的力量連結在一起。

假使我們能夠確實掌握這三個意義，明白我們與彼此、宇宙和自己的關係，生命中的事件將會產生全新的意義。我們將成為參與者，不再是無形無知的力量的受害者。只有到達這樣的境界，才能開始真正擁有力量。

【原註】

❶ 迪恩・雷丁在與電影《罪魁禍首》（*Suspect Zero*，派拉蒙電影，DVD於二〇〇五年四月上市）製作人同台的特別評論節目中所說。電影由艾力司・梅爾辛吉（E. Elias Merhige）導演，於二〇〇四年上檔，情節環繞在運用遙視進行犯罪調查。雷丁於過去十五年來，透過包括普林斯頓大學、愛丁堡大學、內華達大學及SRI國際中心等機構的委託，在學界及業界進行許多關於心靈現象的實驗。他目前爲智力科學學院的資深科學家，該學院的宗旨爲探索「意識的疆界，以促進個人、社會及全球的轉變。」

❷ Neville, *The Law and the Promise* (Marina del Rey, CA: DeVorss, 1961): p. 9.

❸ 出處同上，44頁。

❹ *The Expanded Quotable Einstein*, p. 75.

❺ Francis Harold Cook, *Hua-yen Buddhism: The Jewel Net of Indra* (University Park, PA: Pennsylvania State University Press, 1977): p. 2.

❻ 詹姆士・克拉克・麥克斯威爾，電磁場論之「父」。此引言爲他受邀爲劍橋大學出版社於一八九〇年出版之第九版《大英百科全書》中關於乙太場域所寫文章之開場白。網址：www.mathpages.com/home/kmath322/kmath322.htm。

❼ 由物理學家亨德里克・勞倫茲於一九〇六年所述，引自線上對於乙太場域觀點集結網站「物理——關於絕對空間（乙太）及其無限永恆持續波狀媒介之特質」。網址：www.spaceandmotion.com/Physics-Space-Aether-Ether.htm。

❽ 愛因斯坦於一九二八年之演講中所述。出處同上。

❾ 出處同上。

❿ A. A. Michelson, "The Relative Motion of the Earth and the Luminiferous Ether," *American Journal of Science*, vol. 22 (1881): pp. 120-129.

⓫ A. A. Michelson and Edward W. Morley, "On the Realtive Motion of the Earth and the Luminiferous Ether," *American Journal of Science*, vol. 34 (1887): pp. 333-345.

⓬ E. W. Silvertooth, "Special Relativity," *Nature*, vol. 322 (14 August 1986): p. 590.

⓭ Konrad Finagle, *What's the Void?* (Barney Noble, 1898) [Excerpts reprinted in D. E. Simanek and J. C. Holden, *Science Askew* (Boca Raton, FL: Institute of Physics Publishing, 2002)]. 網址：www.ihup.edu/~dsimanek/cutting/grav.htm.

⓮ 愛因斯坦於一九二八年之演講中所述。「物理——關於絕對空間（乙太）及其無限永恆持續波狀媒介之特質」。

⓯ 普朗克於一九四四年於義大利佛羅倫斯之演說。主題：「Das Wesen der Materie」（物質之本質，The Essence/Nature/Character of Matter）。資料來源：Archiv zur Geschichte der Max-Planck-Gesellschaft, Abt. Va, Rep. 11 Planck, Nr. 1797。

以下為演說之德文原文，隨後為其中文翻譯。

德文原文：Als Physiker, der sein ganzes Leben der nüchternen Wissenschaft, der Erforschung der Materie widmete, bin ich sicher von dem Verdacht frei, für einen Schwarmgeist gehalten zu warden. Und so sage ich nach meinen Erforschungen des Atoms dieses: Es gibt keine Materie an sich. Alle Materie entsteht und besteht nur durch eine Kraft, welche die Atomteilchen in Schwingung bringt und sie zum winzigsten Sonnensystem des Alls zusammenhält. Da es im ganzen Weltall aber weder eine intelligente Kraft noch eine ewige Kraft gibt – es ist der Menschheit nicht gelungen, das heißersehnte Perpetuum mobile ze erfinden –so müssen wir hinter dieser Kraft einen bewußten intelligenten Geist annehmen. Dieser Geist ist der Urgrund aller Materie.

中文翻譯：身為將一生投注於最清晰敏銳的科學，進行物質研究之人，根據我對原子的研究結果，我可以告訴你：所謂的物質並不存在！所有物質的源起與存在，都僅是一股力量所致，這股力量使原子粒子聚集在一起，產生震動，使這個最微小的原子星系得以成形，我們必須假設在這股力量之後，存在著一個具有意識與智慧的心智。這個心智就是一切萬物的母體。

⑯ 艾伯特・愛因斯坦，引自物理學家加來道雄於網際網路之文章：「M理論：一切超弦之母：M理論入門」（2005）。網址：www.mkaku.org/article_mtheory.htm。

⑰ *The Expanded Quotable Einstein*, p. 204.

⑱ Zhi Zhao, Yu-Ao Chen, An-Ning Zhang, Tao Yang, Hans J. Briegel, and Jian-Wei Pan, "Experimental Demonstration of Five-photon entanglement and Open-destinaton Teleportation," *Nature*, vol. 430 (2004): p. 54.

⑲ Eric Smalley, "Five Photons Linked," *Technology Research News* (August/September 2004). 網址：www.trnmag.com/Stories/2004/082504/Five_photons_linked_082504.html。

⑳ Malcolm W. Browne, "Signal Travels Farther and Faster Than Light," Thomas Jefferson National Accelerator Facility (Newport News, VA) online newsletter (July 22, 1997). 網址：www.cebaf.gov/news/internet/1997/spooky.html。

㉑ 引自計畫主持人尼可拉斯・吉辛描述該實驗的文章。〈日內瓦大學於強化加密保全及量子電腦之光子糾纏研究發展〉（2000）。網址：www.geneva.ch/Entanglement.htm。

㉒ Malcolm W. Browne, "Signal Travels Farther and Faster Than Light."

【譯註】

[1] 四州交界點（four corners）：特指新墨西哥州、科羅拉多州、亞歷桑納州、猶他州等四州交會的區域。

[2] 因陀羅（Indra）：佛經漢譯爲「帝釋」。

[3] 本文引自英文著作，漢譯佛經原文如下。《大方廣佛華嚴經》〈五教章通路記〉曰：「忉利天王。帝釋宮殿。張網覆上。懸網飾殿。彼網皆以實珠作之。每目懸珠。光明赫赫。照燭明朗。珠珠交懸。皎皎廓爾。珠玉

無量。出算數表。網珠玲玲。各現珠影。一珠之中。現諸珠影。珠珠皆爾。互相影現。無所隱影。了了分明。相貌朗然。此是一重各各影現。珠中所現一切珠影。亦現諸珠影像形體。此是二重各各影現。二重所現珠影之中。亦現一切所懸珠影。……天帝所感宮殿網珠。如是交皎。重重影現。隱映互彰。重重無盡。」

[4] 霍比族（Hopi）：現今居住於美國亞利桑納州的北美印第安部落。

[5] 離散量（discrete quantity）：數量分爲兩種，即離散量和連續量。譬如一堆橘子、五顆石頭這種由個體累積而成，而個體間彼此不連續的量，稱爲離散量。連續量則是指量的本身是連續性的，譬如長度、重量等。

[6] 大自然厭惡眞空（nature abhors a vacuum）：由古希臘哲學家亞里斯多德最早提出，藉此證明爲何水泵得以運作。

第二章

粉碎現有思維：改變一切的實驗

◉一切一定是建立在一個簡單的想法上。
當我們終於發現它時，
（它）將是那麼美、那麼真切，
讓我們不禁對彼此說，是啊，
怎能不如此呢？
——物理學家約翰．惠勒（John A. Wheeler 一九一一—二〇〇八）

◉有兩種方法能使你受到愚弄。
一種是相信不實的事物，
另一種是
拒絕相信真相。
——哲學家齊克果（Soren Kierkegaard，一八一三—一八五五）

第一道晨光照耀在我身後聳立於東方的基督聖血山(Sangre de Cristo),投射出一道長長的影子。我答應和朋友約瑟夫(化名)在河谷會面,一起散步、聊天,享受清晨的美好時光。我們來到連接新墨西哥州北部和科羅拉多州南部的廣闊土地邊,眼前是一片連綿數哩的草原,草原另一端有道大裂隙——格蘭河峽谷(Rio Grande Gorge),我們腳下是格蘭河形成的河岸。那天早上,高原沙漠的山艾叢特別芳香。約瑟夫邊散步,邊聊起這種遍野生長的植物。

「我們放眼所及的整片平原,運作方式就像一株植物。」他說話時吐出的熱氣與清晨冰冷的空氣混合一氣,凝結成一陣輕煙白霧,延續幾秒後才散去。他繼續說:「河谷裡有許多山艾叢,在視線不及之處,山艾的根彼此相連,形成一片根系。儘管根系深藏在地底,但確實存在,整片平原就是一個山艾家族。在某種程度上,每一株山艾也分享了所有山艾的體驗。」

我思索著約瑟夫的話。這個比喻真是美麗,恰好隱喻我們及周遭世界的關連。我們一直被誤導,以為彼此和世界及發生在其中的一切事物分離。在那樣的信念中,我們感到孤立、寂寞,有時也覺得無力改變使我們痛苦、使他人受折磨的事物。諷刺的是,我們又被許多宣揚如何自助的書籍和諮詢中心淹沒,告訴我們彼此多麼緊密相連、意識的力量有多大、人類是多麼珍貴的大家庭等等。

聽著約瑟夫的話,我不禁想起大詩人魯米對人類的描述。他說:「我們真是奇怪的動物!為自己的不朽恐懼無比,彷彿坐在地獄黑暗的深淵。」❶

確實沒錯,我想著。**這片平原上的植物不僅彼此相連,而且擁有比單獨一株時,更強大的力量。**一株矮灌叢只能影響周圍一小片土壤,但成千上萬生長在一起時,即能成就大氣候!聚集成群後，它們能夠改變土壤的酸鹼值等特質，確保環境利於自己生存。而它們生存後所產生的副產品，也就是多餘的氧氣，正是我們生存的依據。植物形成統一的大家庭，就有力量改變它們的世界。我們和新墨西哥州河谷中的山艾相似之處，可能比你想像的更多。不管是個體或集體，它們都有能力改變其世界，我們也是。

越來越多研究顯示，在這個早已成形的宇宙中，我們並非是遲來的過客。實驗的證據指出，我們仍一路上不斷創造宇宙，持續增添、擴充已存在之物。換言之，我們似乎正是形成宇宙的能量，同時也體驗著自己創造出來的成果。之所以如此，是因為**我們具有意識**。意識似乎就是組成宇宙的「東西」(stuff)。

這正是令愛因斯坦困擾不已的量子理論本質。直到死前，他仍相信宇宙與我們是獨立存在。在回應我們對世界的影響，以及物質受到觀察時會發生變化的實驗結果時，他只是簡單地說：「我寧願相信就算我沒在看，月亮一樣存在。」❷

儘管我們還不知道自己在造物之中確實的角色是什麼，量子領域的實驗已清楚顯示，意識會直接影響造物最基礎的粒子。普林斯頓大學榮譽教授，也是愛因斯坦同事的約翰·惠勒，或許對我們的新角色提出了最佳結論。

惠勒的研究使他相信人類或許生活在一個由意識創造出來的世界中，他稱為**參與式宇宙**（participatory universe）。惠勒說：「基於此〔參與式宇宙〕，我們甚至無法想像宇宙在某個地點、某段時間沒有觀察者存在，因為建構宇宙的特有材料，正是觀察者的參與舉動。」❸他提出了量子理論的中心思想：「在被觀察到（或記錄到）前，任何基本現象都非存在現象。」❹

空間即無量之網

假使「建構宇宙的材料」是由觀察和參與所組成，而且是**我們的**觀察和**我們的**參與，那我們創造的是什麼？要製造東西，必得先有材料，某種對宇宙來說，相當於彩色黏土的可塑性材料。宇宙、星球和我們的身體由什麼組成？這些材料如何結合成一體？我們真的握有掌控權嗎？

要回答這些問題，必須超越傳統知識來源的界線，超越科學、宗教和靈性，將之結合到更高的智慧層次。這就是無量之網的角色。這並不表示它是宇宙中某種不起眼的副產品，或只是造物的一部分：**無量之網即宇宙萬物**，既是組成萬物的材料，也是所有造物的包含者。

如此思考無量之網，我總會想起加州大學聖塔克魯斯分校的宇宙學家喬爾．普里馬克（Joel Primack）對創世瞬間的描述。一反平常我們對爆炸方式的預期，認為大爆炸是發生在某處，他說：「大爆炸並未發生在空間的某處，而是發生在整個空間。」❺大爆炸就是**空間本身**爆發成新的能量，**成為**能量本身！無量之網即**真實相狀**，是一切可能性，它不停流轉，成為連結一切萬物的永恆本質，就如宇宙是空間本身以能量型態具體呈現而成。

渾沌之初的力量

印度的古籍《吠陀經》是世上最古老的經典之一，某些學者甚至認為可追溯到七千年前。其中最著名的〈梨俱吠陀〉（*Rig Veda*）中，有一段經文描述了一股構成萬有造物基礎的力量，也就是存在與「開始」之前的力量，被稱為**大梵**（Brahman），並如此定義：「未出世者……萬有居

留其中。」❻後續的經文更清楚指出，萬有的存在是因為「一化為眾，無形化為有形。」❼

我們也可使用不同的方式描繪無量之網，即其他力未存在前的力。它是宇宙的容器，是物質世界一切萬物的藍圖。由於它是宇宙的本體，因此自然從開天闢地以來即已存在。如果真是如此，邏輯上接下來就該問：「為何科學家在此之前不曾發現無量之網存在的證據？」

只要一有機會，我必定對研究此場域的科學家及相關人員提出這個好問題。每次提問，得到的答案都非常相似，我甚至能預測結果。首先，他們露出難以置信的表情，表達我怎可暗示科學竟錯失這麼重要發現，錯過證明連結萬物的能量場的存在。接著，討論內容轉向設備與科技，他們通常如此回答：「我們缺乏能夠偵測如此細緻場域的科技。」

在某種程度上，事實或許是如此。但過去百年來，我們已有能力打造出能偵測無量之網（或以太、萬物之網等等其他名稱）存在的儀器。更實在的說法應該是，阻止我們發現無量之網的最大障礙，在於主流科學不願承認它的存在。

這股原始能量場是我們所經驗與創造的一切的本質。若想解開「我們是誰」的奧祕，回答「世界萬物如何運作」的亙古大哉問，這個場域是一切的關鍵。

改變一切的三個實驗

歷史把上個世紀視為發現與科學革命的時代。科學各領域基礎的關鍵突破，可以說全發生在過去一百年間。從一九四七年發現《死海古卷》，到華生（Watson）及克里克（Crick）的DNA

雙螺旋結構，及將電子微型化以便運用在微電腦上的技術，科學上的進展使二十世紀成為一個空前的時代。然而許多發現來得太突然，往往使我們有了新發展就亂了腳步。儘管這些發現開啟新的可能性，仍然無法為「新資訊對生活有何意義」的問題提出解答。

二十世紀是發現的時代，而二十一世紀將是整理領會這些發現的時代，如今許多主流科學家、教師和研究人員已投身其中。雖然理論、視野、文字和想像早就提出統一能量場存在的說法，我們卻直到近期才發展出能一勞永逸證實無量之網存在的實驗。

一九九三到二〇〇〇年間的一連串實驗，證實宇宙間存在著一個基礎能量場。我選擇了其中三個實驗，因為它們清楚描述能重新定義我們心中所謂真實相狀的研究。我要強調的是，這些只是代表性實驗，因為目前似乎天天有許多報告發表類似的成果。

雖然實驗本身非常精采，但我真正感興趣的是它背後的思想。譬如科學家設計實驗想了解人類DNA與物質之間的關係時，可以肯定某個重大的思維轉變即將發生。之所以這樣說，是因為實驗證明此類關係存在之前，一般的信念是世間的萬物是彼此分離的。「老派」科學家明白表示，東西無法測量，就表示它不存在。相同的，在下列實驗發表之前，大家也相信世間兩個「東西」一旦完全分離，就無法影響彼此，之間也沒有連結。但就在上個世紀末，一切都改變了。

在這期間，量子生物學家弗拉迪米爾·琵普寧（Vladimir Poponin）發表了他和彼得·卡里耶夫（Peter Gariaev）等同事在俄羅斯科學學院的研究。研究論文出版於一九九五年，描述了一系列實驗，結果顯示人類DNA能直接影響物質世界。他們主張有個新能量場使兩者產生連結。❽我認為他們在研究中發現的場域，或許其實一點也不「新」，可能早就存在，只是沒人認得，因為以前的設備無法測量那種能量形式。

琵普寧博士拜訪美國一所機構時，複製並發表了這一系列實驗成果。透過他的結論，我們或許能體會「DNA魅影效應」（The DNA Phantom Effect）研究帶來的深遠影響。他在報告的簡介中如此寫道：「我們相信，這個發現在詮釋和理解微妙能量現象的運作機制上，將有深遠的影響。而能量現象包括了有記載的另類療癒現象。」❾

琵普寧究竟想表達什麼？實驗一描述魅影效應如何影響我們與周遭世界、與彼此和遙遠宇宙間的關係，也就是DNA和我們的關係。

實驗一

琵普寧與卡里耶夫設計了一個前所未有的實驗，測試DNA在光子（組成世界的量子「物質」）中的表現。首先，他們抽光特殊試管中的空氣，創造出所謂的真空環境。通常**真空**一詞就表示容器內空無一物，不過科學家知道，就算把空氣抽光，裡面還是有東西存在，也就是光子。運用特別為偵測粒子設計的儀器，便能測量出光子在試管中的位置。

科學家想知道光子是四處分散，或者附著在試管壁，還是成堆累積在試管底部。結果如預期一樣，光子以完全隨機的方式散布在試管中。也就是說，光子分布在試管內部各處，這正是琵普寧及其研究小組所預期的結果。

接下來的實驗中，試管內除了光子，還放入了人類DNA。光子在DNA存在的狀態下有出人意料的表現，不再如之前所見隨機分散，反而於有機物質存在時以不同方式排列自己。DNA顯然對光子造成直接影響，彷彿透過某種隱形力量將它們規則排列。這點很重要，因為根據正統的物理學理論，完全沒有能產生此一效應的定律存在。然而在受控制的環境中，卻記錄到構成人類身體的DNA，對**組成世界的量子物質**產生直接效應！

從試管中移除DNA後，出現另一個驚人的現象。科學家相信若是移除DNA，試管中的光子應該恢復到原本的隨機分散狀態。在米克森—莫爾里實驗（見第一章）之後，所有傳統文獻都認為這是唯一會發生的現象。然而，科學家卻目睹到不同的結果：光子依然維持在有序的狀態，彷彿DNA仍在試管中一般。琵普寧描述說，光出現了「令人驚訝且違反直覺」的舉動。⑩

重新檢查過儀器與結果之後，琵普寧和同事們必須為觀察結果提出解釋，也就是當DNA被移除，影響光子排列的東西是什麼？DNA被實際移走後，留下了某種殘留嗎？或者有更神祕的現象在運作？DNA和光子雖然在實質上已經分離，不再處於同一試管中，但是否某種程度仍然互相連結，只是我們看不見？

琵普寧在研究結論中寫到，他和研究人員「被迫接受某種新場域結構受到激發」的研究假設。⑪由於這個效應與有機物質的存在有直接關係，因此被稱為「DNA魅影效應」。琵普寧的新場域結構，和普朗克於五十年前提出的「母體」概念，以及古老傳承中的效應，驚人相似。

實驗一摘要：這個實驗之所以重要，原因有幾個，最關鍵的是，它清楚呈現出DNA與組成世界的能量有直接關係。實驗結果影響深遠，並導出許多結論，其中兩項尤其不容置疑：

1. 過去我們忽視了某種能量的存在。
2. 細胞／DNA能透過上述能量形式影響物質。

在受到嚴格控制的實驗室環境中（或許是史上第一遭）所產生的證據，重新復甦過去千百年來被古老傳承視為神聖的強大關係。光子是世界的本質，而DNA改變了光子的行為。實驗證實我們對周遭世界具有直接影響力，完全符合很久以前人類最珍貴的傳承與宗教典籍所言。

撇開一廂情願和新時代主義不談，實驗造成的衝擊相當真實。DNA魅影效應顯示，在適當條件下運用有效的設備，就能記錄到那個關係。（稍後其他章節會再探討這個實驗。）實驗本身雖然是一項改革，並且以圖像方式呈現生命與物質之間的關係，但接下來的兩個實驗內容才真正展現出DNA魅影效應更重要的含意。

實驗二

人類情緒對身體細胞有直接影響⓬，對此我們已無庸置疑。一九九〇年代，服務於美國陸軍的科學家展開調查，想了解人類情感對已經與身體分離的細胞，尤其是DNA，是否仍有影響。即情緒是否對身體的組織樣本仍有正面或負面影響？

傳統知識會認為沒有影響，若是如此，我們如何對美國陸軍科學家的實驗有所期待？米克森——

莫爾里一八八七年的實驗結果顯示，世界上並無其他東西「存在那裡」連結任何事物。依據傳統思考模式，組織、皮膚、器官或骨頭一旦與人體分離，任何與身體的連結也不復存在。然而，實驗二卻呈現出相當不同的結果。

一篇於一九九三年《先進》（*Advances*）期刊發表的研究報告，列舉了美國陸軍的一系列實驗，想確認DNA離開人體後是否繼續與其保有連結，若是，彼此的距離可以相距多遠？[13]研究人員首先在受試者的口中採取DNA和組織樣本。樣本經分離後被送到同一棟樓的另一個房間，進行一項現代科學認為不可能存在的現象。DNA被放在特殊裝置中測量其電流，檢測它是否對受試者的情緒有反應，而受試者就在百公尺外的另一個房間。

實驗對象在房間裡觀看一系列影片，內容包括戰爭影像、色情片、喜劇等，藉此引發他體內的本能情緒狀態。也就是說，實驗目的是讓受試者在短時間內經歷各種真正的情緒。受試者看影片時，研究人員則在另一個房間內測量DNA的反應。

當受試者經歷情緒「高潮」及「低潮」，他的細胞和DNA也在同一瞬間呈現出強烈的電流反應。儘管受試者與其提供的樣本相距百公尺遠，DNA卻表現出彷彿仍處在與身體實質連接的狀態中。問題是，「為什麼」會這樣？

對這項研究我有個補充說明。美國五角大廈和世貿中心於九月十一日遭到攻擊時，我正在澳洲作新書巡迴發表會。回到洛杉磯時，我隨即感受自己回到了一個跟十天前離開時不一樣的國家，沒有人在旅行，機場和停車場空空蕩蕩。世界發生了劇變。

回國不久後，我預定要在洛杉磯的研討會上演說，這是之前就安排好的行程。雖然當時看起來將不會有什麼人來參加，主辦單位仍決定照原計畫執行。研討會一開始，主辦單位害怕的事真的發生，只有數十人與會，科學家和作家輪流上台，感覺像是在對彼此發表演說。

我才剛結束關於萬物本質相連的演說，也提出上述陸軍實驗佐證。當晚餐會時，一位演講者前來為我的演說向我道謝，說他參與了上述的實驗。事實上這位克里夫．巴克斯特博士（Dr. Cleve Backster），為陸軍**設計**了該實驗，作為另一項進行中計畫的一部分，而軍方的實驗則是基於他先前在人類意圖對植物的影響上的研究。不過，巴克斯特博士接下來的談話內容，是我分享這個故事的主因。

實驗最初，受試者和DNA處於同一棟大樓且僅相隔百公尺，陸軍後來未繼續該實驗。不過，在此初步實驗之後，巴克斯特博士和研究小組繼續探討更遠距的效果。某一回，受試者和細胞甚至相隔四百八十公里遠。

受試者和細胞反應之間的時間差，由科羅拉多州一座原子鐘負責測量。每一次實驗，情緒變化與細胞反應的時間差都是零，**此效應是同步發生的**。不論細胞是在同一房間或相隔幾百里遠，結果都一樣。當細胞主人經歷情緒經驗時，DNA的表現彷彿仍以某種方式與人體相連。

一開始聽起來可能有點嚇人，因為假使真的有種量子場域將一切物質相連，那麼萬物一定是相連的，而且保持連結狀態。巴克斯特的同事傑佛瑞．湯普森博士（Dr. Jeffrey Thompson）說得很好，他的觀點是：「人的身體其實既無結束的終點，也無開始之處。」[14]

實驗二摘要：這個實驗涉及的意涵相當廣泛，而且令人驚訝。假使我們無法將人與其身體部位分離，是否表示器官若成功移植到另一人身上時，兩個個體將會彼此維持某種相連狀態？

一般日子裡，許多人會接觸幾十個、甚至上百人，且多半是肢體接觸。每次觸碰到另一個人，也許只是握個手，對方的DNA就會透過皮膚細胞的方式殘留在我們身上，我們的細胞同時也會殘留給對方。那麼，是否只要細胞中的DNA活著，我們就維持彼此聯繫的狀態？假使如此，兩人間的連結有多深刻？這些問題的答案是肯定的，連結似乎存在，只是連結的品質視個人對此連結的覺知程度而定。

一切的可能性說明了實驗二的重要性，同時也為某種更深層的理解打下基礎。假使實驗對象的體內正在經歷情緒變化，而DNA產生相對反應，兩者間必然有某種東西使情緒得以從一處傳輸到另一處，沒錯吧？

也許是，也許不是。實驗二透露的可能是另一回事，一個簡單但容易被忽略的神奇想法：**或許受試者的情緒完全不需要經過傳輸**。也許能量不需要**從**受試者身上傳送**到**遠處，就能產生影響。不論在何時或何處，情緒被挑起的瞬間，或許就已經存在於樣本的DNA之中。在此提出這個觀點，將為稍後一個驚人的可能性埋下種子，而第三章將探討這個觀點的各種可能性。

就實驗的結果簡單來說（也是我選擇分享此實驗的原因），若要使DNA和受試者建立任何連結，兩者之間必須有某種東西將其相連。該實驗提出四項結論：

1. 活組織之間存在某種過去不曾被發現的能量形式。
2. 細胞與DNA透過這個能量場進行溝通。
3. 人類情緒對活的DNA具有直接影響。
4. 距離似乎與其影響力無關。

實驗三

世界各地的靈性傳承思想，都具有人類情緒能影響身體健康及免疫系統的觀念，但對一般民眾有用的文獻資料卻不多見。一九九一年，心數研究所[1]正式成立，目的是探索人類情感對身體的影響力，以及情緒在世間扮演的角色。心數研究所特別把焦點放在情緒與感覺在身體上的發源地，也就是人類的心。研究人員已在各知名期刊發表前所未有的工作成果，並被引述於諸多科學論文中。⓯

心數研究所最重要的發現之一，在於描述了一個環繞在心臟並向人體外圍擴張的甜甜圈形能量場。這是一個電磁能量場，具有環形圓紋曲面，半徑約一點五公尺到二點四公尺（見下圖）。雖然心的能量並非身體光輪或古梵文中所提及的**普拉那**（Prana），但可被視為源自此部位能量的外在表現。

知道這個場域存在後，研究人員又自問，是否有另一種不為人知的能量存在於這個已知的能量場中？為了測試這個理論，他們決定測試人類情緒對DNA，也就是生命本質的影響。

實驗在一九九二年到一九九五年之間展開，首先將人類DNA分離出來，放在玻璃燒杯中[16]，然後暴露在一種強烈情緒之中，也就是所謂的**協調情緒**（coherent emotion）。根據主要研究員格蘭·瑞恩（Glen Rein）及羅林·麥克拉迪（Rollin McCraty）所說，透過「運用特殊設計的自我心神及情緒管理技術，刻意使心神安靜下來，將注意力移轉到心臟部位，專注於正面情緒」[17]，就能創造出這個生理狀態。他們進行了一系列測試，最多有五位受過協調情緒訓練者參與，還運用特殊技術分析DNA的化學及視覺變化，偵測任何改變的產生。

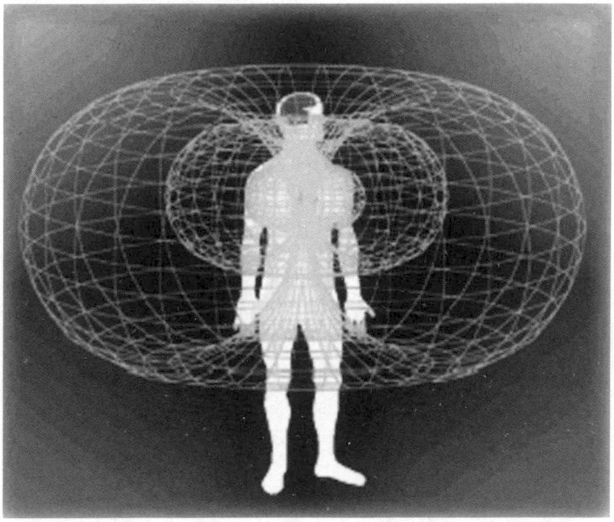

圖中呈現的是環繞人類心臟之能量場的形狀與大小。（心數研究中心提供）

測試結果不僅無可爭辯，其意義也是顯而易見。結果顯示：人類情緒改變了DNA的形狀！參與測試者除了在體內創造出精準的感覺之外，而且在沒有實質接觸或外力介入下，就能影響燒杯中的DNA分子。

第一次實驗中，參與者只有一人，他透過「直接意圖、無條件的愛和特定的DNA分子影像」的組合創造出情緒效果。一位研究人員如此描述：「實驗說明，不同的意圖能對DNA分子創造出不同效果，導致DNA扭轉或鬆開。」[18]實驗所指涉的意涵顯然已經超越現有正統科學理論所能接受的範圍。

長久以來，我們一直受到制約，認為體內的DNA是種既有狀態。當代思想認為它是一種固定量，也就是出生時，我們「拿到什麼就是什麼」，除了藥物、化學藥品、電流之外，DNA無法隨著我們對生命中的事物產生反應而發生變化。然而實驗三告訴我們，事實絕非如此。

改變世界的內在科技

這些實驗對我們與世界的關係又有什麼意義呢？三個實驗的共通點是人類DNA。在傳統知識中，沒有任何觀點會接受人體內的生命材料，對外在世界具有影響力的說法，亦無任何資料提及人類情緒可以影響自己體內的DNA，遑論是距離幾百公里遠的DNA。然而，實驗獲得的結果正是如此。

若只是單獨思考個別實驗，而不整體總括來看，每個實驗都相當有趣，也分別呈現出超越傳統思想範圍的異常現象，有些實驗結果甚至令人吃驚。若缺乏更宏觀的歷史脈絡，我們可能會把實驗結果。全歸類為「值得改天再研究的事物……也就是很久以後再說。」但是把三個實驗放在一起思考時，可以看到思維的轉變，那就是：實驗得出的成果全為我們述說一個故事。若把每個實驗看成是更大影像的一小塊拼圖，其中隱藏的故事就會像艾薛爾的畫作[2]般，跳出畫面來！讓我們來仔細觀察一番：

琶普寧在實驗一中，揭露了人類DNA對光的震動有直接影響。而從軍方的實驗二則得知，不論DNA與我們同在一室或相距千里，始終與我們相連，影響力不變。心數研究所進行的實驗三，顯示人類情緒對DNA有直接作用，能直接衝擊組成真實世界的物質。基於以上實驗，發展出一項新科技，即**內在**科技，**告訴我們**人類對身體和世界具有影響力，更**為我們揭露**影響力的存在和運作方式。

上述實驗得到兩個相似的結論，同時也是本書的重點：

1.「世間」存在著某種東西，一種能量母體，能使宇宙萬物彼此連結，而此一具有連結性質的場域，是導致以上實驗得到意外成果的原因。

2. 人體內的DNA使我們得以運用連結宇宙的能量，而情緒是汲取此能量場的關鍵。

此外，這些實驗也告訴我們一件事：我們與此能量場的連結，就是我們存在的本質。假使能了解它的運作，以及彼此的連結方式，就能擁有將此能量場運用到生命中的一切所需。

我邀請你想一想這些實驗結論，對你的生命有什麼意義。如果能夠汲取萬物之源的能量，能夠改變生命的量子藍圖，還有什麼問題無法解決？什麼疾病無法治癒？什麼情境無法改善？而這份藍圖就是過去未能獲得認可的能量場，也就是普朗克所描述的「具意識與智慧的心智」。

無量之網

實驗顯示，組成無量之網的，是一種過去不為人知的能量形式，這也是為何科學家花了漫長時間才找到它。它被稱為「微妙的能量」（subtle energy），因為其運作方式與典型的傳統電場不同，更像是一種織紋緊密的**網**，這網就是我所謂的無量之網的組織結構。

在無量之網的諸多定義中，最有助於理解的說法是將之視為三種基礎物；(1)使宇宙得以存在其中的容器；(2)內在與外在世界的橋樑；(3)反映日常思緒、感覺、情緒與信念的鏡子。

還有三項要素使得無量之網有別於其他此類能量。首先，它無時無刻無所不在，亦即早已存在，完全不同於電視或廣播節目，在發送之前必須先有個發送點和接收點。

其次，這個場域發生於宇宙創世之初，也就是大爆炸或所謂「起點」開始之際。顯然沒有人能夠告訴我們「開始」之前，有哪些存在，但物理學家相信那場能量大釋放不僅使宇宙在震盪中誕生，也創造出空間本身。

如〈犁俱吠陀〉經中的〈創世讚歌〉(*Hymn of Creation*)所說，在「開始」之前，「連空無都不存在，既無空氣、也無天界」。當「空無」爆發成空間中的「某種東西」時，事物遂在空與無之間誕生。我們可以把無量之網視為時間開始那一瞬間的迴響，同時也是由時間與空間組成的連結，聯繫我們與萬有一切。這個永恆存在的連結，使網中的事物得以存在於非定域性狀態。

第三個特質對生命可能最具意義，即此場域似乎具有「智能」。換言之，這個場域能**回應**人類的情緒。古老的智慧以其他時代的語言，竭盡所能將此偉大祕密流傳下來，或是雕刻在寺廟壁面、寫在泛黃的古卷，或者織入日常生活的作息中，盡量將與這連結萬物的能量溝通的指示留給後世。先人試圖告訴我們如何療癒自己的身體，並實現內心最深層的渴望及偉大的夢想。直到將近五千年後的今天，這些指示終於首度被記錄下來，透過科學的語言，重新發現世界與我們的關連。

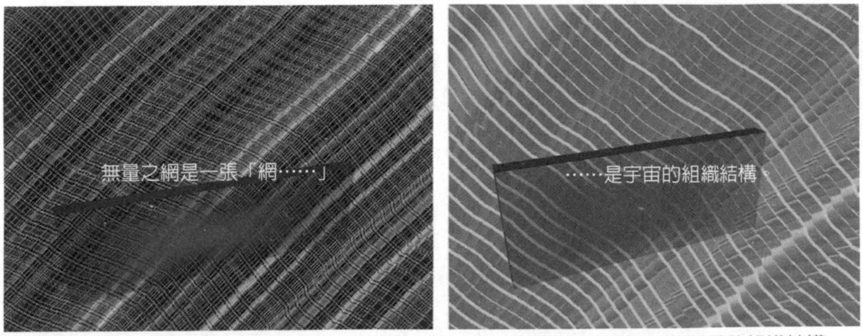

實驗指出連結宇宙的能量，是以緊密交織的網狀型態存在，這張網就是形成真實相狀的組織結構。

這些實驗（及各種相關理論）所發現的能量非常新，使得科學家無法達成共識，給它一個統一名稱，也因此出現許多定義這個連結萬物場域的名詞。譬如，阿波羅號太空人艾德加・米契爾（Edgar Mitchell）稱之為「自然心智」（Nature's Mind）；物理學家暨超弦理論的共同作者加來道雄，則稱之為「量子全像圖」（Quantum Hologram）。我們也可在量子理論問世之前的千年古籍中，找到類似的主題，甚至與現代相似的用語，描述促使宇宙存在的力量。例如，可追溯到第四世紀的《諾斯底派福音》（*Gnostic Gospels*），使用了「心智」（Mind）來描述這股力量：「從沉寂之中，出現了『一股偉大的力量，那是宇宙的心智，它統管萬物』。」[19]儘管名稱差異極大，描述的卻是同一件事，即組成真實相狀結構的精髓。

普朗克於二十世紀中葉在義大利的佛羅倫斯提及的，就是這個心智。一九四四年的一場演講中，他發表一段當代科學家無法全然理解的觀點，在對二十一世紀來說仍相當具開創性的言詞中，提出了預言式的論述：

> 身為將一生投注於最清晰敏銳的科學，進行物質研究之人，根據我對原子的研究，我可以告訴你：所謂的物質並不存在！所有物質的源起與存在，僅是一股力量所致，這股力量使原子粒子聚集

在一起，產生震動，使這個最微小的原子星系得以成形……我們必須假設在力量之後，存在著一個具有意識與智慧的心智。這個心智就是一切萬物的母體。[20]

本章描述的實驗與討論，毫無疑問說明了普朗克所說的母體確實存在。不論我們如何稱呼，不論適不適用於物理定律，連結一切萬物的場域的確存在。此時此刻，就在這裡，和你我一樣真實存在。它存在於我們的內在，也環繞著我們；它是一座量子橋樑，連接內在心中的可能性與外在世界的真實狀態。這個能量母體的存在，解釋了本章提及的三項實驗能如實運作的原因，也說明存在於人心**內在**的正面感覺和祈禱，可以有效影響**周遭**的世界。

但我們與無量之網的連結並不僅止於此，而是不斷延續到看不見的事物之中。無量之網無所不在、無處不有。不論是空中翱翔的小鳥，或是能穿過我們身體及建築，彷彿我們是空蕩蕩的空間的宇宙微粒，一切萬物全存在於同一個承載真實相狀的容器中，也就是無量之網。它是填滿你和這面書頁文字之間虛無空間的物質，它就是空間的本身。當你思索著無量之網，不知它在何處時，不用懷疑，只要有空間存在的地方，就存在著這個微妙的能量。

一切隱含了什麼意義？

無量之網就像個人人心中起疑，卻沒人願意公開談論的大祕密，它透過難以想像的親密關係，將我們連結在一起。但這樣的連結究竟有什麼意義？如此與世界和彼此的生活緊密交織，甚至共享一個被想像力盤據，卻又是真實狀態根源的純淨量子空間，到底隱含了什麼意義？如果我們不僅是平淡看著周遭的生活和世界「發生」的路人甲，又「還能」是什麼？

前述的實驗顯示，每個人都擁有一股實驗室機器也無法創造的內在力量，它不受物理定律的規範，至少不受今日已知的定律所規範。而且不需要經由實驗，我們就能知道這個連結存在。

譬如，當你準備打電話給某人時，有多少次發現自己一拿起話筒，對方已經撥通了電話，又或者當你撥出號碼卻聽到忙線的訊號，因為好友也正在打電話給你？又有多少次，當你與朋友在繁忙的街道、購物中心或機場開心出遊時，卻有種詭異感覺，彷彿你已經到過那裡，和這些人相處過，而且做過此刻正在進行的活動呢？

前述簡單案例也許只是有趣的話題，卻不單純只是隨機的巧合。雖然我們可能無法用科學來證明**為何**會發生這些事情，但是對於它們的存在卻是心知肚明。發生這類連結和似曾相識感的片刻，我們正自動**超越**物理定律加諸的限制。此種短暫事件提醒著我們，或許宇宙和我們自己並不僅止於意識表面所知那樣而已。

同一股力量也說明我們不只是世界的觀察者。若想經歷這樣的經驗，關鍵就在於要刻意創造出經驗，也就是在我們想要的時候，就能擁有超自然的洞見，而不是只在它們「發生」時才得以體驗。除了少數天賦異稟的人之外，人類之所以無法分身兩地、進行時間旅行、以超越物理定律的速度溝通，關鍵似乎就在於：我們對自己以及在宇宙中的角色所抱持的信念。而接下來的章節要談論的就是此事。

我們是創造者，更甚於此，我們是彼此連結的造物者。透過無量之網，我們主動為生命帶來意義，且持續不斷改變。因此，此刻應關注的問題不再是「我們是否為被動的觀察者」，而是我們要如何有意識地進行創造。

【原註】

❶ *The Illuminated Rumi*, Coleman Barks, trans. (New York: Broadway Books, 1997): p. 13.

❷ Quoted by Carl Seelig, *Albert Einstein* (Barcelona, Spain: Espasa-Calpe, 2005).

❸ 惠勒（John Wheeler）與米爾加納基爾哈特（Mirjana R. Gearhart）之訪談，Cosmic Search, vol. 1, no. 4 (1979)。網址：www.bigear.org/vol1no4/wheeler.htm。

❹ 出處同上。

❺ 加州大學聖塔克魯茲分校宇宙學家喬爾・普里馬克說：「根據大爆炸理論，空間本身正在擴大。我搞不懂：假使空間正在擴大，它是在什麼之中擴大呢？」線上文章，摘自網站《科學美國》（*Scientific American*）之「問專家」專欄。網址：www.sciam.com（刊登於一九九九年十月二十一日）。「以愛因斯坦的相對論（即現代重力理論）爲基礎，根據現代宇宙學理論，大爆炸並非發生於空間中的某處，它占據了整個空間。事實上，它創造了空間。」

❻〈梨俱吠陀〉，引述自「印度教——印度信仰：印度信仰與印度諸神之形而上學及哲學之討論」。網址：www.spaceandmotion.com/Philosophy-Hinduism-Hindu.htm。

❼ 出處同上。

❽ 該效應最初報告首見於俄羅斯：卡里耶夫（P. P. Gariaev）、葛里哥夫（K. V. Grigor'ev）、瓦薩爾夫（A. A. Vasil'ev）、琵普寧（V. P. Poponin）及雪葛爾夫（V. A. Scheglov），「以雷射關連光譜調查DNA溶液之變動動態」（Investigation of the Fluctuation Dynamics of DNA Solutions by Laser Correlation Spectroscopy），《雷貝德夫物理中心公告》（*Bulletin of the Lebedev Physics Institute*），no. 11-12 (1992): pp. 23-30, 由琵普寧引述於線上文章「DNA魅影效應：於眞空次結構中對新場域的直接測量」（The DNA Phantom Effect: Direct Measurement of a New Field in the Vacuum Substructure）（DNA魅影效應更新：二〇〇二年三月十九日）。

氣候大師網址：www.twm.co.nz/DNAPhantom.htm.

❾ 出處同上。

❿ 琵普寧之「DNA魅影效應：於眞空次結構中對新場域的直接測量」，在加州巨石溪心數研究所的贊助下，於一九九五年重複進行俄羅斯團隊的研究。

⓫ 出處同上。

⓬ Glen Rein, Ph. D., Mike Atkinson, and Rollin McCraty, M. A., "The Physiological and Psychological Effects of Compassion and Anger," *Journal of Advancement in Medicine*, vol. 8, no. 2 (Summer 1995): pp. 87-103.

⓭ Julie Motz, "Everyone an Energy Healer: The Treat V Conference" Santa Fe, NM, *Advances: The Journal of Mind-Body Health*, vol. 9 (1993).

⓮ Jeffrey D. Thompson, D.C., B.F.A., online article, "The Secret Life of Your Cells," Center for Neuroacoustic Research (2000). 該文章參考了湯普生（Thompson）同事克里夫・貝克斯特博士（Dr. Cleve Backster），及關於貝克斯特之研究且與該文章同名的書。網址：www.neuroacoustic.org/articles/articlecells.htm。

⓯ 心數研究所成立於一九九一年，為非營利研究組織，「提供各種獨特服務、產品及科技，以促進成效、生產力、健康及福祉，同時大幅降低壓力。」請至該研究所網站索取進一步資訊：www.HeartMath.com/company/index.html。

⓰ Glen Rein, Ph.D., "Effect of Conscious Intention on Human DNA," Proceedings of the International Forum on New Science (Denver, CO: 1996).

⓱ Glen Rein, Ph.D., and Rollin McCraty, Ph.D., "Structural Changes in Water and DNA Associated with New Physiologically Measurable States," *Journal of Scientific Exploration*, vol 8, no. 3 (1994): pp. 438-439.

⓲ Rein, "Effect of Conscious Intention on Human DNA."

⓳ Elaine Pagels, *The Gnostic Gospels* (New York: Random House, 1979): pp. 50-51.

⑳ Planck, "Das Wsen der Materie."

【譯註】

[1] 心數研究所（Institute of HeartMath）：亦譯作心靈圓滿研究中心。

[2] 艾雪（Maurits Comelis Escher）：荷蘭版畫家，著名的畫作《畫手》（Drawing Hands），圖中的兩隻手彼此畫著彼此，令人分不清是哪隻手先存在。

第2部

想像與真實之間的橋樑：無量之網的運作方式

第三章

我們是被動觀察者或主動創造者？

◉為何宇宙如此大？
因為我們在這裡。
——物理學家約翰・惠勒（一九一一－二〇〇八）

◉想像力創造真實狀態……
而人類充滿想像力。
——前瞻者與神祕主義者奈維爾（Neville，一九〇五－一九七二）

一八五四年，西雅圖酋長對華盛頓特區官員提出警告，北美的大自然一旦遭到破壞，不僅影響當代人的生活，更將威脅後代子孫的生存。酋長以至今看來依然睿智的語言，在十九世紀中期這麼說道：「人類並未織就生命之網，而只是網中的一絲紗。不論他對那網做了什麼，終將作用於自己。」❶

西雅圖酋長對人類在「生命之網」中的角色描述，明顯類似於我們與無量之網的關連（及於其中的位置）。作為世間可見一切的一部分，我們參與了一場進行中的對話，一場與自己、與世界、與一切萬物的**量子對話**。在這場宇宙交流中，每一刻的感覺、情緒、祈禱和信念都代表我們對宇宙說的話。從身體的活力到世界和平在內的一切，都是宇宙對我們的回應。

「參與」宇宙的運作？

上一章提及物理學家惠勒認為，我們不僅在他所謂的「參與式宇宙」中擔綱演出，而且還是**主要**角色。惠勒觀點的關鍵在於**參與式**一詞。在這種宇宙中，你我是公式中的一分子，既是生命事件的催化劑，也是感受自己創作的「體驗者」，而這些全在同一刻發生！我們是「發展中的宇宙的一部分」，在這個未完成的創作中，「我們是一小塊宇宙，而且正在觀看與建築自己。」❷

惠勒的看法將我們帶向一個極端的可能性：如果意識能夠進行創造，宇宙可能就是這份覺知的成果。儘管惠勒在二十世紀後期才提出此觀點，仍不禁令人想起普朗克於一九四四年的演說，即萬物因「有智慧的心智」而存在，而他將此心智稱為「萬物的母體」。在此，最亟需得到回答的問題是：**什麼心智？**

在參與式宇宙中，專注意識的動作，**即觀看和檢驗世界的舉動**，就是創造的行為。我們就是世界的觀察與研究者；我們就是普朗克所說的心智（或更高心智的一部分）。眼睛往哪裡看，意識就創造出我們**看見**的東西。

關鍵5：專注意識的舉動，就是創造的行為。意識能夠進行創造！

這樣的關係，暗示了人類對終極微粒子的探索和對宇宙疆界的追尋，可能永遠徒勞無功。不論我們在原子量子世界裡鑽研多深，或在外太空中探索多遠，帶著「某種東西會存在」的期待進行尋找的動作，正是我們用來創造出那東西的力量。

在參與式的宇宙中，要採取什麼舉動才叫參與呢？假如意識真的能夠進行創造，我們又需要多少力量才能改變世界？答案可能會讓你嚇一跳。

來自中美洲巴貝多（Barbados）的二十世紀前瞻主義者奈維爾，在描述我們使夢想成真、令想像力變成現實時，有很好的說法。他以簡單而直接的文字在許多書籍和演講中，分享如何掌握無量之網無限可能的祕密。奈維爾認為我們經歷的一切，所有發生在身上或自己造成的際遇，全是意識的作為，此外別無他物。他相信，我們能否透過想像力運用上述領悟，是生命是否出現奇蹟的關鍵。一如無量之網是宇宙的一切容器，奈維爾認為事物不可能發生在意識包容的世界之外。

但我們往往不這麼認為！九月十一日在紐約及華盛頓特區的恐怖攻擊之後，人人都在問：「**他們**為何要這樣對待**我們**？」以及「**我們**對**他們**做了什麼？」我們生活在凡事以「他們」、「我們」來思考的時代，總覺得好人總是遇上壞事。假使無量之網的運作方式真如證據所示，那麼世界就沒有**他們**和**我們**，只有**我們大家**。

我們從各國領袖身上學會恐懼，並憎恨其他國家那些惹人憐憫的人民。然而，全人類可能是以極親密的方式，也就是透過孕育真實狀態的意識場域互相連結，能共同創造療癒或痛苦、和平或戰爭的經驗。這或許是新興科學所揭發令人最難以理解的隱含意義，但也可能是人類最強大的療癒力和生存機會的根源。

奈維爾的觀點提醒我們，或許今日世界觀最大的錯誤，在於尋找生命經驗起伏的表面因素。儘管眼前的事件必然有其前因後果，卻是源自一個看似與此刻無關的時空之中。對於我們與周遭世界的關係，奈維爾分享了偉大奧祕的關鍵要素：「人類主要的錯覺在於，以為世界並非基於自己的意識狀態，而是基於其他肇因而存在。」[3]這是什麼意思？談論到參與式宇宙時，這是個自然而然出現的現實問題。想知道自己改變生命和世界的力量有多大嗎？答案很簡單。

關鍵6：我們擁有達成改變所需的所有力量！

運用覺知的力量，選擇專注的重心，就能擁有這個能力。奈維爾在《覺知的力量》（*The Power of Awareness*）一書中提出許多案例，清楚解說其運作方式。

其中一個故事多年來在我心中留下深刻印象。一位二十多歲的年輕男性被診斷患有罕見的心臟病，醫生相信他將因此喪命。年輕人已經結婚，育有兩個幼兒，認識的人都很喜愛他，認為他理當享有健康長壽的生命。然而當奈維爾受邀和他見面時，青年已嚴重消瘦到皮包骨的程度，虛弱得連說話都困難，不過他同意在奈維爾分享信念時，只靜靜聽，聽懂了就點點頭。

從生活在一個動態演化的參與式宇宙的觀點來看，不論什麼問題都只有一個解決之道，即改變態度與意識。基於這個觀點，奈維爾要求年輕人把自己**當作已經療癒般**去體驗。詩人布雷克曾說，想像與真實狀態只有一線之隔：「人類即幻想。」（Man is all imagination）。物理學家波姆認為，世界乃是發生在真實狀態深處的事件所投射的產物。針對此點，布雷克也說：「你所看見的一切，看似在外，其實在內。凡人的世界是想像的產物，是影子。」❹將意識集中在我們於想像中創造的事物，透過這股力量，就能將想像「推一把」，使之突破幻想的障礙，變成現實。

奈維爾給新朋友一句話作為新的思維模式：「我建議他，想像看見醫生發現自己毫無道理從絕症末期完全康復時，臉上不可置信的驚喜表情；想像看見醫生重複檢查測試結果的模樣，聽他不停說著：『真是奇蹟，真是奇蹟。』」❺你或許已經猜到我為何要分享這個故事，因為那年輕人**真的**好轉了。幾個月後，奈維爾收到一封信，年輕人果真奇蹟似的康復。奈維爾再見到他時，他已完全恢復健康，愉快地和家人生活。

年輕人表示康復的祕訣，不在於只是單純期望**能**恢復健康，而是那天兩人見面以後，就生活在「已經恢復健康、完全痊癒的想法中。」由此可見，將心中的渴望從想像變成日常生活真實狀態的祕密，原來是感受夢想已經成真、願望已然達成、祈禱早已得到回應的能力。如此一來，我們便主動分享惠勒所說的「參與式宇宙」。

「自」答案中活出生命

朝某項成果努力，和**從**成果中思考與感受，兩者間具有微妙卻強烈的差異。朝某種成果努力，展開的是永無終止的開放式旅程。我們一路上找出里程碑，也設定目標使自己更接近成功，但在腦海中，我們永遠只是朝目標「前進」，而未能「處於」達成目標的經驗中。這就是為何奈維爾的告誡非常重要，他告訴我們必須「進入〔心中渴望的〕影像之中，從中思考」。

我們可從古代武術中看見針對現實世界的精采隱喻，了解前述原則如何精準地在意識中運作。你肯定看過習武之人，以強烈的專注力結合精神與身體的功力，瞬間發功，擊破磚塊或整疊木板，達成看似不可能的任務。這些武功成功的原理，與奈維爾的年輕人痊癒故事一樣。

雖然有時也能運用某些「技巧」，不需要精神上的專注，即能達成同樣驚人的表現，但在武術中表現的若是真功夫，成功的關鍵就在於他們的專注點。譬如在擊磚時，他們心中想的完全不是即將碰觸的磚面接觸點。如奈維爾給那瀕死年輕人的指令，擊磚的關鍵也在於把焦點放在行動完成後，也就是**已經**療癒，**已經**打破磚塊。

習武之人把覺知集中在**穿過**磚塊底部的點上。手要能抵達那個點，唯一辦法是當作手已經穿越兩者之間的空間，而空間裡存在著磚塊這種固體物質的事實，幾乎變成次要。他們是**從**完成點來思考，不是想著**前往**那裡時會遭遇的困難；他們經歷的是行動完成後的喜悅，而非成功之前必須發生的一切事物。這個簡單的例子提供了很有效的比喻，因為意識似乎正是如此運作。

我二十多歲時，曾經親身經歷過這個原理。當時我的生活重心，正從銅礦工作和玩搖滾樂隊轉移到追尋內在的精神力量。二十一歲生日當天早上，我突然對長跑、瑜伽、冥想和武術感興趣，於是開始狂熱地從事這四項活動，每當身邊世界彷彿要瓦解時，這些活動就成為我倚靠的「磐石」。在北密蘇里州心臟地區長大的我，在某天空手道課開始之前，目睹了前所未見的專注力量。

那一天，教練走進武術道場，要我們做一件跟過去練習的姿勢與動作毫無關連的事情，他坐在我們練習的地墊中央，閉上眼睛，開始冥想。過程中，他雙手向兩側伸出，手掌朝下張開。他要我們給他幾分鐘把自己「固定」在T字姿勢後，然後再想盡辦法移動他。

班上男女學生的比例是二比一，彼此之間的競爭一直相當友善。而在那一天，男女之分消失了。我們全在教練身旁安靜坐下，看著他走到地墊中央盤腿而坐，閉上眼睛，伸出手臂，改變呼吸頻率。我入神地看著他的胸膛擴張、收縮，呼吸越來越緩慢，直到幾乎看不見胸膛起伏。

教練點了頭，我們隨即上前移動他。最初，大家都以為這動作輕而易舉，所以只有幾個學生嘗試。我們握住他的手與腳，朝不同方向又推又拉，卻徒勞無功。我們大感驚奇，決定改變策略，大家集中在同一邊，用集體的重量將他推向另一方。結果，我們連他的手臂，甚至手指頭都沒能移動！

過了一會兒，他深呼吸一口氣，睜開眼睛，帶著令人敬重的和善，幽默問道：「怎麼回事？我怎麼還在原地？」他大笑了一聲，打破緊張的僵局，眼中出現熟悉的神采，然後解釋發生了什麼事。

「我閉起眼睛後，進入夢境般的影像中，夢變成了我的真實狀態。我想像身體兩側各有一座山，我則坐在兩座山峰之間。」他說話時，我腦海中立即出現他所說的影像，感受到他正把影像經驗直接灌注到我們身上。

「我看見雙臂各有一條鏈子，把我與兩側山巔緊緊繫在一起。只要鏈子不斷，我就與山緊緊相連，不可動搖。」教練環顧一張張專注聽他說話的臉龐，咧嘴一笑，最後說道：「就算整班都是我最優秀的學生，也無法改變我的夢境。」

這個美妙的男人在武術課上透過簡單示範，使我們直接體驗到那股可以重新定義自己與世界關係的力量。而其中的功課不在於如何與世界應對，而是為自己選擇的經驗創造自己的規則。教練的祕密在於，他從身體已經固定於地墊的角度來體驗自己的狀態。那當下，他自冥想的結果中活出自己。在他決定打斷想像中的鏈子之前，什麼也動不了他。而這正是我們看見的結果。

依奈維爾的說法，達成那樣的武藝要做的是，「把未來的夢想視為當下的事實」。[6]他以非科學的術語平鋪直敘地說明，雖然聽起來坦白得很不真實，卻精準地為我們指出做法。奈維爾認為要把夢想變成現實，只需要「表現出願望已達成的感覺」[7]。不用去猜疑這簡單的文字中有詐，因為在一個能自由創造的參與式宇宙中，何苦預期擁有創造的力量是困難的事？

諸多可能性／一個真實狀態

為什麼我們對世界的看法與感受，會對生活中的事件產生影響？單純地把「未來的夢想視為當下的事實」，為何能夠改變進行中事件的發展方向？譬如，如果世界朝全球性戰爭的方向快速發展，衝突就必然發生嗎？婚姻如果面臨危機，或者註定一生在病痛中度過，結果將真如預期出現？

或者，我們忘記了某個經常被忽略的要素，而它深深影響我們經歷進行中之事物的方式與感受？生命的走向是否真將如預言或如期待般發生？若想要生活在幻想已經成真，夢想和祈禱已得到回應的角度中，就必須先探索可能性之所以存在的原因。為此，我們必須回頭探討量子物理的主要發現。

量子物理成功描述了比原子更小的物質之行為表現，甚至發展出「規則」，說明這無法看見的微小世界的模樣。只是，雖然規則既少又簡單，不過在描述粒子在次原子層次上所作的事情時，聽起來卻可能令人感到怪異。譬如：

- 物理「定律」並不適用於一切，因為小規模事物的行為表現，與在常態世界中的表現不同。
- 能量以波或粒子呈現，有時也可同時處在兩種狀態中。
- 觀察者的意識決定能量的行為表現。

規則儘管很好，但不可忘記量子物理學的公式並未描述粒子的**真實存在狀態**。換言之，這些規則並未說明粒子的所在，以及抵達目的地後如何運動，只是描述粒子存在的**潛能**，也就是它們**可能**在哪裡，**可能**如何運動，其特質**可能**是什麼。然而這些特性都會隨著時間演化與改變。這對我們很重要，因為我們也是由規則所描述的粒子組成，若能更深入了解粒子的運作方式，或許能察覺到更多關於**我們**自己的運作方式的可能性。

關於我們在宇宙中的力量，量子物理要闡述的究竟是什麼，關鍵就在此。世界、生活和身體會以目前的狀態存在，是我們從量子世界的可能性中所做的選擇（想像）。若想要改變任何事物，必須先以新的方式看待它們，也就是在一堆可能性中挑選新狀態。如此一來，在我們的世界裡，諸多量子潛能中只有一個可能性會成為**我們**經歷的真實狀態，就如同在空手道教練的想像中，他看見地墊上的自己固定於某時某地，而他果真確實處於那個狀態，誰也動不了他。

諸多可能性中哪一個會成真，似乎取決於觀察者的意識與行動。換句話說，注意力的目標會變成世界的真實狀態。愛因斯坦無法接受這個部分的量子理論，他說：「我想粒子肯定有個獨立於測量法的真實性。」❽所謂的測量法，在此相當於觀察者，也就是我們自己。

關鍵7：意識的焦點會變成世界的真實狀態。

顯然我們在宇宙中扮演的角色，是量子世界之所以呈現出目前狀態的關鍵。而這正是我們為何必須先了解科學觀察到了「什麼」，才能將觀察應用到生活中。

我們為什麼需要兩套規則來描述世界模樣，謎團要追溯到英國物理學家傑佛瑞．英格拉姆．泰勒（Geoffrey Ingram Taylor）於一九〇九年進行的實驗。儘管實驗本身已有百年歷史，實驗結果至今仍是被爭論的議題，而且充滿不確定性。第一次實驗以來，它已被複製過許多次，每回的結果都一模一樣，也實在同樣令人驚訝難解。

這個「雙狹縫」（double-slit）實驗的內容，是將量子粒子等物投射出去，穿越一個有兩道狹縫的擋板，接著測量其通過狹縫後的狀態。一般認為，當物體在一端是粒子，以此狀態通過實

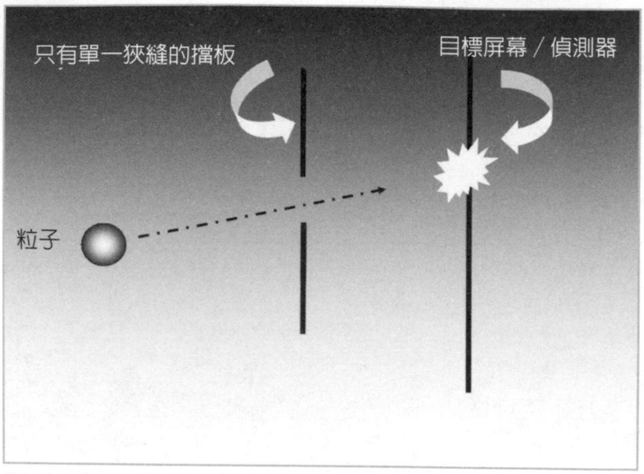

擋板上只有單一狹縫時，粒子的行為表現如預期。

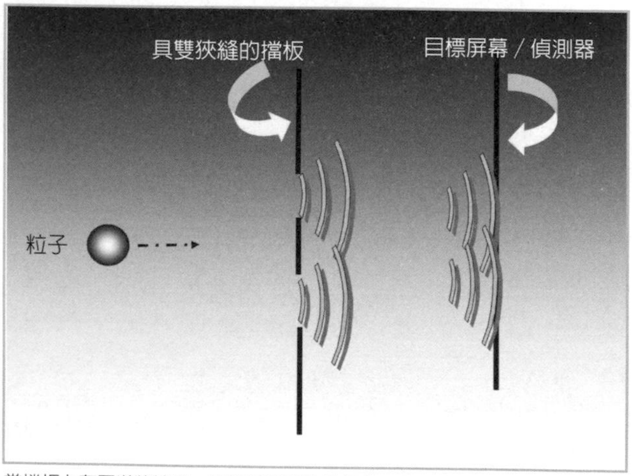

當擋板上有兩道狹縫時，該粒子出現波的行為，同時穿越兩道狹縫。

驗後，結束時理應仍是粒子。然而，證據卻顯示在粒子啟程後和抵達目的地前的過程中，發生了相當特別的事件。

例如科學家發現，電子穿越只有一道狹縫的擋板時，行為表現就如一般預期，即開始和結束都呈現粒子狀態。這種行為並無特殊之處。

相反地，當擋板上有兩道狹縫時，同一個電子卻表現出看似不可能的行為。電子啟程時，確定是一顆粒子，但行進中卻發生了神祕事件，電子做出只有能量波辦得到的事，即**同時**穿越兩道狹縫，並在目標屏幕上產生只有能量波會形成的反應模式。

這種行為就是科學家稱為「量子怪異性」的案例之一。在此，唯一的解釋是第二道狹縫迫使電子行進時，把自己**當作**波，但在抵達時仍處於原始的狀態，也就是粒子。要這麼做，電子必須感應到第二道狹縫的存在，知道狹縫可通行，而這就涉及了意識，因為電子是假設無法真的「知道」任何事情的，唯一的覺知來源只有觀察實驗的人。因此實驗的結論是，電子可穿越兩個可能通道的認知，存在於觀察者的腦海中，而觀察者的意識決定了電子的行進方式。

此實驗最基本的結論是：電子有時候會根據我們的期待行動。這時候，日常生活中的規則，亦即事物是獨特且彼此分離的狀態，似乎得以如常運作。然而，有時候電子卻做出令人吃驚的事情，表現像波一樣，此時就需要量子理論來解釋其行為。而這正是以新的眼光看待世界和自己的機會，因為那代表我們是萬物的一部分，而意識在宇宙中扮演了重要角色。

多年來，科學家選擇了兩個主要理論來解釋雙狹縫實驗的結果。兩種理論各有其長處，各自具備某些比另一理論更合理的詮釋。撰寫本書時，兩者仍處於理論狀態，近期更有人提出第三個可能性，現在讓我們來審視這三種理論詮釋。

哥本哈根詮釋

一九二七年，物理學家尼爾斯・波爾（Niels Bohr）及沃納・海森堡（Werner Heisenberg）在丹麥的哥本哈根理論物理中心，嘗試解釋新理論發現的量子怪異性。兩人的研究成果被稱為「哥本哈根詮釋」（Copenhagen interpretation），它對量子粒子行為模式的解釋，是目前最被廣泛接受的理論。

波爾和海森堡認為，宇宙是由無數可能性彼此重疊而成。這些可能性以某種量子濃湯的形式存在，既無特定位置，也無固定狀態，直到發生某事，將其中一種可能性鎖在固定位置為止。所謂的「某事」則是指一個人的覺知（awareness），也就是單純的觀察行為。如實驗所證，當我們看著電子穿越擋板上的狹縫時，觀察的動作似乎就是把諸多量子可能性之一轉變為真實狀態的條件。至此，我們看見的只是我們所專注的版本。

優點：成功解釋量子粒子在實驗中被觀察到的行為。

缺點：對此理論（若稱得上是理論的話）的主要批評是，宇宙只有在某人或某物進行觀察時，才得以存在。此外，哥本哈根詮釋並未將引力作用納入思考。

多重世界詮釋

在解釋量子粒子古怪行為上受歡迎程度僅次於哥本哈根詮釋的，是被稱為平行宇宙的「多重世界詮釋」（Many-worlds Interpretation），由普林斯頓大學物理學家休．艾佛雷特三世（Hugh Everett III）於一九五七年提出。此一詮釋獲得許多支持，因為它似乎能解釋許多量子世界中顯而易見的謎題。和哥本哈根詮釋類似的是，它認為任何一個時刻皆存在數不盡的可能性，而所有可能性已經存在，且同時發生。

多重世界詮釋與哥本哈根詮釋的差異在於，每個可能性在自己的空間中發生，且不為其他可能性所見。每個獨特的空間又稱為平行宇宙（alternate universes）。我們在某一宇宙中順著單一可能性的時序而行，但偶爾發生量子跳躍，進入不同宇宙的另一個可能性中。以這個觀點來看，一個生活在病痛中的人，可以透過焦點轉移，突然發現自己「奇蹟般」痊癒，但周遭的世界依然如故。

艾佛雷特的詮釋指出，我們早已存在於每個平行宇宙中。當我們把每個宇宙都納入思考範圍，其實已經生活在所

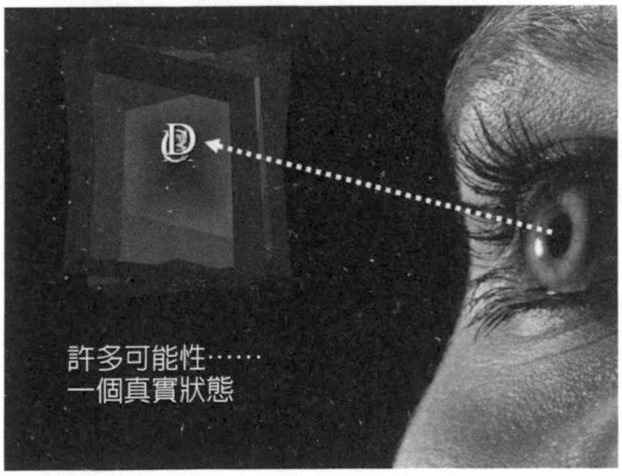

在哥本哈根詮釋中，意識的焦點決定了在諸多可能性（A、B、C、D，以此類推）中，哪個將成為真實狀態。

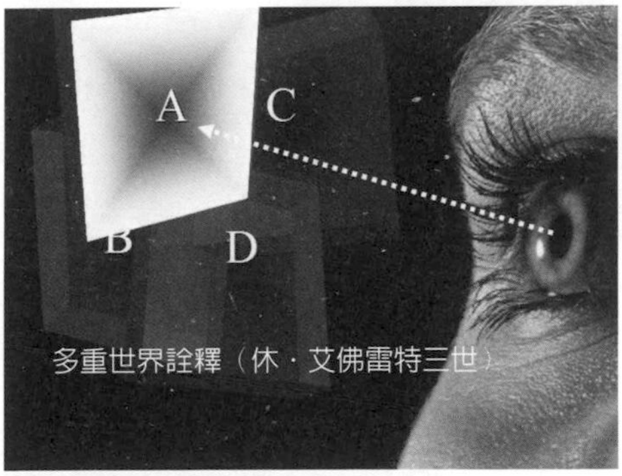

多重世界詮釋認為無限的可能性（A、B、C、D等）已經存在。每個可能性存在於自己的宇宙中，不被其他可能性所見。和哥本哈根詮釋一樣，意識的焦點決定了哪個可能性會成為真實狀態。

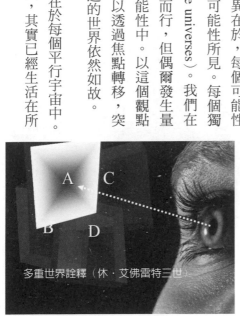

有可能想像得到的夢想與幻想中。有些人甚至認為，由於人類睡覺時不再聚焦讓自己保持在真實狀態中，所以能夠漂流到其他可能性的平行世界，也就是經歷所謂的夢境。和哥本哈根詮釋中的觀察者一樣，我們只能看見焦點所在的可能世界，而這就是鎖定特定可能性，使之成為「真實狀態」的關鍵。

優點：此理論能解釋哥本哈根詮釋中，為何我們看不見其他可能性的問題。

缺點：和其他以量子理論為基礎的想法一樣，這個理論無法解釋引力作用。雖然能解釋某些量子世界的現象，但在能夠涵蓋**所有**自然力量之前，仍是個不完整的理論。

最近幾年，出現了第三個理論，似乎能夠彌補哥本哈根詮釋和多重世界詮釋不足之處。以牛津大學數學教授羅傑．彭羅斯爵士（Sir Roger Penrose）命名的「彭羅斯詮釋」（Penrose Interpretation）認為，經常被量子物理學家忽視的引力作用，正是使整個宇宙穩固不散的主因。

彭羅斯詮釋

彭羅斯與其他理論的支持者一樣，相信量子層次中存在著許多可能性。但是對於是什麼將特定可能性「鎖定」成我們的真實狀態，他有不同看法。

彭羅斯認為其他領域內的量子可能性，以物質狀態存在。由於所有物質都會產生引力，因此每個可能性有自己的引力場，但要維持引力場需要耗費能量，當某一可能性需求的能量越多，實質上就越不穩定。而要一直提供足夠能量使所有可能性永恆存在，是不可能的事，因此它們終將崩解成單一狀態，也就是最穩定的可能性，即我們眼前所見的「真實狀態」。

優點：最大的優點是能解釋引力的存在，引力是使愛因斯坦的觀點不同於量子理論之處。這個理論將引力視為真實狀態存在的中心力量。

缺點：最大的缺點在於，反對者認為彭羅斯理論（若能稱之為理論的話）或許根本是多餘的。儘管量子理論仍然只是理論，目前為止卻能百分之百成功預測量子實驗的結果，因此已經有個有效的理論可以解釋真實狀態。彭羅斯詮釋也能有效解釋真實狀態，甚至還把引力涵納其中，這是其他理論無法辦到的。

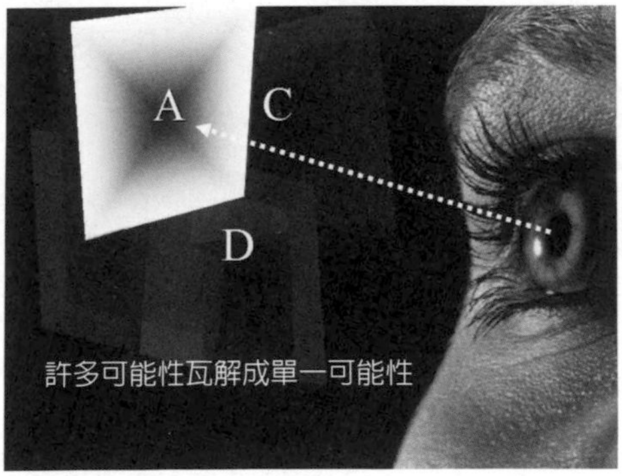

在彭羅斯詮釋中，許多可能性（A、B、C、D等）終將瓦解成單一真實，因為要使它們永遠存在，需要太多能量。雖然所有可能性在某一時間點上全都存在，但最穩定的狀態對能量需求最低，那就是我們正在經歷的真實狀態。

哪個才對？

理論物理學家加來道雄，也就是統一超弦理論的共同作者，他對於量子物理的困境有很好的闡述：「大家經常說，在本世紀提出的各種理論中，量子理論最無聊。有人認為量子理論能夠繼續存在的唯一理由，其實是因為它毫無疑問是正確的。」❾

三個盛行的理論詮釋，是否解釋了微小次原子領域中的「例外」事件，以及為何我們眼前的世界如此運作？雖然三者都是很好的詮釋，也能解釋實驗室中的事件，卻全有個「失落的環節」，那就是無量之網所扮演的角色。

雖然在實驗中，觀察者似乎是張影響全局的萬能牌，但假如所謂的「例外」並非例外呢？萬一量子粒子的「怪異性」其實是物質的正常行為呢？不論是訊息的傳遞速度超越光速，或兩物同時存在於同一點等各式各樣的現象，會不會展現的或許其實是我們的潛力，而非界限？若果真如此，我們必得自問：「究竟是什麼要素連結了萬物，又阻止我們享有量子粒子所擁有的自由？」

我們正是現有各理論錯失的要素！更精準地說，是我們能刻意創造出意識（思想、感覺、情緒、信念）條件的能力，我們藉此意識選定某一可能性，將之鎖定為生活的真實相狀。於是科學繞了一圈又回到古老的靈性思想。科學和神祕主義都提到有股力量，不僅連結萬物，並且賦予我們透過覺知周遭世界，即能影響物質行為與真實狀態的力量。

不過，各種靈性思想和主流科學對於量子世界的發現，給予相當不同的意義。基於稍早已敘述過的理由，物理學家大都相信電子和光子的行為，與我們的日常生活毫無關連。然而，古老智慧卻認為，我們正是基於物質在次原子層次的運作方式，才得以改變自己的身體和世界。若是如此，那麼發生在量子世界的事物，就與我們的日常生活息息相關。

如美國原住民朋友約瑟夫在峽谷中所說，我們不需要機械就能創造出量子粒子所展現的神奇作用。透過遭人遺忘的內在科技，我們就能夠療癒、分身兩地、瞬間到達任何地方、有千里眼、能心電感應、選擇和平度日，可做任何想做的事情。一切關鍵就在我們專注意識的能力，而這是人類最古老、珍貴的智慧所持有的最大祕密。

創造真實狀態入門

在大乘佛教的教義中，真實性只存在於心識創造的焦點上。事實上，大乘佛教認為有形世界與無形世界，是所謂「主觀想像」（subjective imagination）意識模式下的產物。⑩儘管每個經驗對我們而言都非常真實，但惟有把注意力放在關注某物時所產生的感覺，某個可能的實相才會變成「真實」的經驗。這個古老思想除了用詞略有不同外，聽起來和二十世紀的量子理論非常相似。

假使一切量子可能性中所有可為與不可為者皆為真，而且情緒是選擇真實相狀的關鍵，那麼要問的是：「我們應如何感覺某事已經發生，而身旁的人卻一臉正經看著我們說沒有那回事？」例如，我們明明在某醫院加護病房看著心愛的人躺在病床上，卻說他已經痊癒了，是否是對自己說謊？

這個問題諷刺之處在於，問題的本質使其巧妙避開了任何單一答案。一個具有許多可能真實相狀的宇宙，存在著無數可能的答案。在所有平行真實相狀中，愛人痊癒的劇情確實發生在某處。而在另一個真實相狀中，病情則從未發生過。然而基於某種我們永遠無法得知或了解的理由，被召喚到真實狀態中的結局並非如此，那不是眼前病床上呈現的現實。

追根究底，答案在於我們對世界和自己選擇的力量，具有怎樣的信念。所以問題變成：「我們該選擇哪個可能性？心愛的人和醫生又選擇了哪個真實狀態？」要回答這問題，我們必須先承認自己擁有做此決定的力量。

如奈維爾故事中的年輕人和其近乎致命的疾病所示，眼前的真實狀態並非固定不變，反而是柔軟且有可塑性，甚至能在看似毫無道理的狀態下改變。根據奈維爾所述，年輕人的醫生做出帶有預期結果的診斷（挑選一個真實狀態）。最初年輕人不知道他有選擇權，因此相信診斷結果，接受了此一真實狀態版本。當他得到另一個可能性，**並且接受它**後，他的身體不僅對新的信念產生反應，而且速度很快。（我將於第四章分享另一個同樣有力的案例來說明此可能性。）

愛因斯坦有句名言指出，停留在產生問題的同一層次思考，並無法解決問題。同樣的，我們若停留在產生真實狀態的同一意識中，就無法改變意識。想要鎖定哥本哈根、多重世界和彭羅斯詮釋中描述的許多可能的真實狀態之一，就必須精準地找到它，而做法便是透過「觀察」，也就是觀察自己對生命的感受。

一旦領悟自己能選擇要在真實狀態中看見**什麼**，接下來最常出現的問題是：「該怎麼做？如果有人病了，該如何當他已經痊癒？」答案在於我們是否願意把視野延伸到世界所呈現的幻象以外。以生病的案例來說，就是把視野延伸到病人經歷的病痛之外，想著他們已經痊癒的模樣，體會和他們一起處在這個新真實狀態中的感受。

然而，在選擇另一個可能性時，要做的不光只是去**思索**新的存在方式，或**希望**對方已經康復。那可能是以這種方法看世界時，最需要謹慎小心之處，也是最大的圈套。我們因為害怕失去心愛的人事物，往往只會一直說不相信眼前的事實，藉由否認目前的真實狀態，來面對情勢的嚴重性。除非能採取**行動**，將可怕的現實替換成療癒的真實狀態，否則我們的拒絕接受帶來的將不只是挫折與失望。

我有朋友就是落入這樣的圈套中，如今他們已不在人世。雖然只有他們才知道自己在死亡前內心與腦海中曾發生什麼事，我仍有機會見證他們面對此信念時經歷的掙扎。他們如此推想：「我如果真的那麼厲害，為什麼仍然有這樣的遭遇？我已經改變了信念，為什麼還沒痊癒？」

這是個非常敏感、私人的深層議題，答案往往引發令人激動的討論，探討何謂「是」、宇宙又是如何運作，以及神與這一切的關係。但追根究底，單純選擇新可能性，與真的在想法、感覺和信念上貫徹新可能性，使之成為新真實狀態的結果之間，存在著微妙的平衡。

關鍵8：光只是「說」選擇新的真實狀態，這樣還不夠！

要選擇某個量子可能性，我們必須**變成**那樣的人。正如奈維爾的建議，我們必須將自己「拋入」新的可能中，而且在「對此狀態的熱愛下，脫離舊狀態，生活在新狀態裡。」⑪這正是人類最珍貴的古老思想指引我們去做的事。而至於穿越人性進到神性所需的技巧，通常被稱為祈禱。

話說量子：關鍵在於感覺

我們在本章前段探討過各種詮釋，說明量子怪異性何以如此運作。前述理論特別關切為何光只是觀察物質的這個舉動，就會改變物質的行為。儘管它們對於**為何**會發生如此特別的效應，各有不同詮釋，卻提出了共同的要素，即我們本身，和我們在這世界的觀察角色。

當我們觀察某物，也就是有意識地將注意力集中在某一時空點上，似乎就能在那瞬間鎖定諸多量子可能性中的一種。不論該可能性是來自「平行真實相狀」，或來自閃爍不定的量子可能性濃湯，理論詮釋都認為我們看見的「真實狀態」是因為我們的存在，才會顯現它所呈現的模樣。

雖然對現代科學來說這是個革命性消息，古老思想和原住民文化在千百年前早已認為世界就是如此運作。在古老的文字中，抄寫員、神祕主義者、療癒者和學者盡一切所能，將我們與宇宙關係的大祕密保存下來，傳遞給我們。在最意想不到的地方，甚至還可發現他們驚人的智慧。

從埃及沙漠廟宇的牆壁和墓室，到「納格哈瑪地藏書」（*Nag Hammadi Library*）中的諾斯底智慧（Gnostic wisdom），及至今仍在美國西南部施行的傳統療法，能使我們的想像、夢想和祈禱成真所用的語言，仍然與我們同在。一位居住在海拔四千五百公尺西藏高原寺院中的喇嘛，為這類語言做出最清明的詮釋。

那是一九九八年春天，我有個機會前往西藏中部高原，進行二十二天的研究與朝聖之旅。這段時間，我和研究小組發現自己沉浸在地球今日僅存最壯觀、崎嶇、純淨和偏遠的土地上。一路上我們造訪了十二座寺院和兩座尼寺，遇見你所能想像最美麗的人類，其中包括喇嘛、女尼、牧民和朝聖者。我就是在這段時間與其中一座寺院的住持有面對面的機會，得以提出我們千里跋涉而來所想問的那個問題。

在冰寒的清晨，我們全都擠進一座小寺院，裡面裝飾著佛教祭壇和古老的**唐卡**（細緻複雜的織錦，用來描繪古代教義）。我將精神專注於面前盤腿而坐、彷彿永恆不朽的男人的雙眼。我透過翻譯員問了他那個在這段朝聖之旅上，我問過每位遇見的喇嘛、女尼的同一問題：「我們看見你們在祈願，那是什麼樣的過程？當我們看著你們一天吟誦經文十四和十六小時，看見外在的鐘、缽、鑼、管鐘、手印、咒語時，**你們的內在正經歷什麼？**」

翻譯員轉述住持的回答時，一股強烈的感受激盪著我的身體。他說：「你從未看見我們的祈願，因為祈願是看不見的。」住持整理了腳下沉重的羊毛袍子，然後繼續說道：「你所看見的，是我們用來創造身體感覺的舉止。**感覺就是祈願！**」

多麼美善啊，我心想。**而且如此簡潔！**一如二十世紀末的實驗所呈現的，人類的感覺和情緒能夠影響組成真實狀態的物質，也就是我們內在的語言改變了外在世界的原子、電子和光子。然而，並非是實際說出的話，而是這些話在我們心中創造出來的感覺。能與宇宙的量子力量對話的，是情緒的語言——無量之網認得的是情緒感覺。

關鍵9：情緒感覺是用來與無量之網對話的語言。要感覺目標已經達成，祈禱已經得到回應。

住持告訴我們的，和二十世紀偉大科學家們所說的是同一件事。他不僅傳遞了實驗人員報告的同一概念，還進一步提供該如何與量子可能性交談的指示，也就是透過我們今日稱為祈禱的技術。無怪乎祈禱能創造奇蹟！因為祈禱把我們安置於可讓心中奇蹟成為真實狀態的純粹空間之中。

慈悲：自然的力量與人類的經驗

住持清晰的答案令我震顫。他的話語響應了兩千年前古諾斯底和基督教的教義。而祈禱若要得到回應，必須先昇華經常伴隨著人類正向渴望的疑慮。「納格哈瑪地藏書」中，記錄了耶穌的話，在一段如何克服渴望與疑慮的簡約教導後，祂提醒著我們自己擁有命令的力量，當我們對山說：「『山，讓開！』山將會讓開。」⑫

住持以明晰的言語，回答了喇嘛和女尼在祈願中做了**什麼**的祕密：他們吟誦著感覺與情緒的量子語言，一種沒有文字或外在表達的語言。

二〇〇五年，我再度造訪西藏的寺院，歷時三十七天。旅程上，我們獲悉在一九九八年和我們分享感覺的祕密的住持已經往生。新住持得知我們再度造訪時，不僅表示歡迎，也允許我們繼續那場於一九九八年展開的對話。

又是個霜凍的西藏清晨，我們在一間佛堂會見寺院的新住持。幾分鐘前，我們在引導下穿越蜿蜒的石鋪走道，來到寒冷昏暗的小佛堂，一路上我們小心翼翼一步步摸黑走在滑溜溜的走道上，因為幾百年來灑在地上的犛牛奶油已將地面磨得光滑危險。在寺院中央這寒涼、空氣稀薄的古老房間裡，我向新住持提出了後續問題：「是什麼將我們與彼此和世界及宇宙連結在一起？而在身體之外是什麼『東西』承載傳送著我們的祈願，使世界得到支撐的力量？」當翻譯員以藏文說出我的問題時，住持直盯著我的眼睛看。

我本能地望向領隊，也就是這整場對話的中間人，從他口中說出的回覆實在出乎我意料之外。他說：「慈悲。格西（偉大的導師）說連結我們的是慈悲。」「怎麼可能呢？」我問道，想要釐清我聽到的答案。「他說的慈悲是一種自然的力量，還是情緒的經驗？」當翻譯員對住持說出我的問題時，他們突然展開一場激烈的對談。

「慈悲連結萬物。」這就是最後的回答。僅止於此！在將近十分鐘的激烈對話，討論藏傳佛教最深層的元素後，我只得到這六個字。

幾天後，我在另一座寺院又展開同樣的對話，對象是一位身分頗高的喇嘛。這一回不像我們會見住持時那樣正式，而是在喇嘛的房間，他不在大佛堂念經時，就在這裡吃、睡、祈願、誦經。

此時，翻譯員已經逐漸熟悉我的問題型態，知道我試圖了解的是什麼。我們在昏暗的房間裡，擠在酥油燈下。我抬頭望向覆滿黑色煙灰的低矮天花板，那是用來取暖與光的酥油燈在我們那天下午坐下的相同位置，經無盡歲月的燃燒後所留下的痕跡。

我透過翻譯員，對喇嘛提出幾天前才問過那位住持的相同問題：「慈悲是宇宙的力量，還是一種經驗？」他把眼神轉向天花板上我幾秒鐘前才盯著的位置，嘆了口氣，匯聚著他從八歲來到僧院後學到的智慧（他看起來年約二十多歲），思索了一會兒。突然間，他眼神轉向我，說出一個簡短、有力，而且非常有道理的話：「兩者都是。慈悲既是宇宙的力量，也是人類的經驗。」

那一天，在地球另一端海拔約四千五百公尺的高原上，一處距離最近的城鎮數小時遠的僧房中，我聽見了智慧之語，那是許多西方傳統至今仍然忽略的簡單智慧。喇嘛分享了將我們與宇宙萬物連結在一起的祕密，以及使我們的感覺和情緒如此強而有力的「品質」：而兩者是同一回事。

並非任何感覺都行得通

以古猶太苦修士（《死海古卷》的撰寫者）使用的阿拉姆語（Aramaic）寫成的古老祈禱文，其最新的翻譯也支持喇嘛所說的製造真實狀態的祕密，並提供新線索，使我們了解為何這類教導的內容總是含糊曖昧。從原始《新約聖經》的新翻譯中可以明顯看出，古代作者的原始用詞和意圖，二千年來私自被大幅刪減許多，儼然如俗諺所說：「在翻譯中喪失原意」。（我在上一本書《失落的祈禱》〔*Secrets of the Lost Mode of Prayer*〕中對此及本書其他案例有所描述，但因為與主題相關，故決定於此再述。）

譬如，在談及我們投入生命、健康和家庭的能力，將現代《聖經》版本中的「請求，你將獲得」，與原始經文比較之後，我們才知道自己到底錯失了多少原意！現代精簡的金詹姆斯（King

James）版本《聖經》寫道：

「你們因我的名無論向父求什麼，
他必賜給你們。直到現在，你們沒有因我的名求什麼；
求罷！必會得到，好使你們的喜樂得以圓滿。」[13]

和原文比對後，才發現關鍵被遺漏了。下段文中，我在遺漏處畫線加以強調。

「從我的名之內——
一切你坦白而直接請求的……
你將獲得。目前為止，你尚未這麼做……
所以，不另帶動機坦率請求
令回應包圍你——
令所渴望的籠罩你，令你歡喜至極。」[14]

這些文字使我們回想起量子原理所說，感覺是用來引導與使我們專注於意識的語言，是一種我們**置身**其中的存在狀態，而非每天固定時間**要做**的事情。

雖然無量之網顯然只認得情緒語言，但很明顯的，並非任何情緒都有用。若是如此，世界將變得非常混亂，因為一人的想法將與另一人全然不同的理念重疊。喇嘛說慈悲既是宇宙的力量，也是取用此力量的經驗。這訓示最深層的概念透露，若要實現慈悲，我們在面對某一狀況時，必須對狀況的結果不帶有對與錯的強烈期待。換言之，必須在不判斷、不自我的狀態下感受事物。而這份情緒品質，正是與無量之網對談有效且有意義的關鍵。物理學家阿米特．哥斯瓦米曾說，要使量子可能性成為當前真實狀態，需要的不僅是常態意識。事實上，他認為若要達成此目標，必須處於他所謂的「非凡狀態之意識」（non-ordinary state of consciousness）中才行。⓯

阿拉姆譯文則記載，我們必須「不另帶動機坦率請求」，才能做到這點。這是文中非常重要的指示，換句現代的話說，我們做的決定必須發於**非以自我為基礎**的欲望。要使想像、信念、療癒與和平聚焦成為當前的真實狀態，最大的祕訣在於對我們決定的結果不具強烈的依附感。換言之，祈禱的前提是，對於該或不該發生的事情都不帶任何評判。

關鍵10：並非任何感覺都可行。「感覺」若要能從事創造，必須不自我、不評判。

蘇菲教派詩人魯米的作品，對這個中庸領域描述得最好。他以簡單有力的文字說道：「在對與錯之外，有個場域。我在那裡等你。」⓰我們一輩子有幾回能如魯米所說，真正留駐在沒有評判的場域，尤其是心愛的人命在旦夕之際？然而這似乎正是我們的力量帶來的最大課題，是生命中最大的挑戰，也是在參與式宇宙中握有創造力的最大諷刺。

似乎改變世界的**欲望越強**，改變的**力量就越難捉摸**。因為我們所渴望的，往往是以自我（ego）為基礎。若不是如此，改變對我們也不會那麼重要。不過，等我們的意識成熟到**明白**自己可以改變真實狀態，改變似乎也變得不太重要。

就像想要開車的欲望，在真的學會開車後也隨之消退；有能力促使療癒與和平奇蹟般發生後，製造奇蹟的急迫性似乎也隨之消失。那或許是因為明白我們能改變事物的同時，伴隨而來是接受世界本貌的能力。

而這份不需要強調重要性，但仍擁有力量的自由，使得祈禱更有效力。為療癒愛人而靜心冥想、吟誦、**持咒**、舞蹈和祈禱的人，或許能在此中找到問題的答案。

儘管每個舉動無疑都是出自好意，卻往往帶著強烈的依附感，也就是希望心愛的人能夠痊癒。而這暗示了對奇蹟式復原的需求。然而，假使療癒仍**需要**發生，便表示尚未發生，否則我們不會在祈禱中請求。也就是說，用來創造療癒真實性的努力，由於對療癒成果的渴望，實際上反而強化了疾病存在的真實性。而這涉及了古老教誨中的第二階段，也是我們在尋求奇蹟時經常忽略的部分。

被遺漏的《聖經》譯文接下來要我們讓回應「包圍」，使自己「籠罩」在渴望之內，喜悅才得以進入。這段話令人想起實驗結果和古老思想所分享的智慧。我們首先必須擁有痊癒、富足、寧靜的「感覺」，在心中感受到已獲得祈求安康後的回應，在一切成為生命中的真實狀態之前，**皆視為已然發生**。

在經文中，耶穌說那些聽祂說話的人，尚未如是作為。我那些有強大祈禱能力和良好意圖的朋友，或許**認為**自己發出了請求，希望祈禱得到回應，但假使只是單純請求**請展開療癒**，使用的就不是無量之網這個宇宙場域認得的語言。耶穌提醒門徒必須以有意義的方式對宇宙「說話」。**感覺**彷彿沉浸在療癒之中，籠罩在世界的和平裡，才是開啟所有可能性的語言和密碼。

在這種感覺中，我們從**懷疑**自己只是單純經歷一切的角度，轉移到**知道**自己屬於萬物一部分的觀點，中間產生了能量的轉移，或者稱為典型的「量子跳躍」。就像原子中的電子從一個能階跳到另一個，不需穿越其中的空間一樣，做決定時確實知道自己說的是量子語言，而非只是認為自己說的可能是此語言，便進入了另一個意識狀態，亦即夢想、祈禱和奇蹟展開的**純粹空間**。

天生的創造者

愛因斯坦在一九三〇年與印度詩人暨神祕主義者泰戈爾（Rabindranath Tagore）對話時，曾簡述二十世紀初看待人類在宇宙地位的兩種觀點。他說：「關於宇宙的本質，存在著兩種觀念。」第一種認為：「世界是個**隸屬於**人類的整體。」第二個觀點認為：「世界是個**獨立於**人類元素的真實相狀。」[17]然而根據第二章所描述的實驗，顯然我們對組成世界的物質，包括原子和電子，所做的有意識觀察，會直接影響物質的行為，因此或許有第三種可能性，介於愛因斯坦所說的兩個極端觀念之間。

這個可能性顯示宇宙最初成形的過程，或許並未牽涉到人類。雖然世界在我們存在之前即已展開，但我們在它持續成長與演化的此刻存在著。不論是光芒還未到達我們的眼裡即已死亡的遙遠恆星，或是導致能量不斷消失其中、被稱之為「黑洞」的神祕旋渦，宇宙中唯一的常態就是變化。變化是眼前一切乃至看不見的世界的一部分。

至此，我們應該看清了自己不可能是世界旁觀者的事實。身為有意識的觀察者，我們是眼前所見一切的一部分。儘管科學家對於哪個理論才能解釋我們改變真實狀態的**方法**，尚未取得共識，卻都認為宇宙因為我們的存在而變遷。彷彿具有意識，就是一種創造。如物理學家惠勒所說，我們生活在「參與式」宇宙中，那是一個無法任人操弄、強迫個人意願或完全掌控在手中的世界。

身為今日宇宙的一部分，以我們的理解力，是有能力藉由生活方式，對宇宙進行小幅的修改和更動。在量子可能性的領域中，我們似乎生來就要參與自己的創作。我們天生就是要創造！由於我們在量子層次互相連結，使得自我生命中的小改變最後也能對世界，乃至對遙遠的宇宙產生巨大的影響。我們與宇宙在量子層次的連結之深，科學家甚至必須發明新詞彙來描述這個連結真正的意義，譬如第一章提及的「蝴蝶效應」，描述的就是微小改變帶來極大效應的現象。

這個正式稱為「對初始狀態的敏感依賴性」的現象，追根究底說的是某處一個微小的改變，可能啟動另一個時空的巨大變遷。最常見的比喻是：「東京一隻蝴蝶拍動了翅膀，可能在一個月後導致巴西發生颶風。」[18]另一個常用來描述此效應的例子是一九一四年，費迪南大公（Archduke Ferdinand）的司機轉錯彎的結果。這個錯誤使奧地利的王儲正面遭遇殺手，歷史顯示他的死觸發了第一次世界大戰。一切只是起因於一個隨時可能犯下的單純錯誤。而轉錯這個彎，造成影響全球的後果。

第二章探討了三項說明我們與周遭世界關係的實驗。實驗結果顯示，DNA改變了組成世界的物質，而情緒能改變DNA。軍方及克里夫．巴克斯特進行的實驗，則證實這個效應不受時間與距離的限制。實驗的最終成果意味著你我能夠指揮一股內在的力量，而這力量不受今日所知的物理學的限制。

研究顯示我們不受限於現今所知的科學定律，或許那就是六百年前神祕主義者聖方濟（St. Francis）隱約提及的力量，他說：「在我們裡面，存在著美麗而狂野的力量。」

如果我們擁有能夠改變宇宙本質的力量，可進行療癒並創造和平，理所當然會有一種語言允許我們有意識地、隨心所欲地發揮力量。實際上也果然如此。有趣的是，這語言即是情緒、想像和祈禱，是西方世界在第四世紀基督教會編修《聖經》後所喪失的語言。

當奇蹟停止運作

許多公開文獻對身心連結效應和特定祈禱形式的成果，有詳細的紀錄。從大學和田野調查對遭受戰爭蹂躪國家的研究可知，我們體內的感受顯然不僅影響到自己，也擴及遠方的世界。⑲這份內在與外在經驗的關係，似乎也是導致我們透過某種祈禱形式獲得力量的原因。儘管對祈禱**何以**能有效運作，其確實機制為何，仍未能全盤了解，但祈禱確實有用，而且有確切的證據。不過我們仍須面對一個殘存的謎題。在研究中，祈禱的正面影響似乎只在祈禱期間有效。祈禱結束，效應似乎也同時消失。

例如，在祈求和平的實驗過程中，研究清楚顯示觀察中的關鍵指標，在統計上明顯下降，包括交通事故、醫院急診和暴力犯罪等頻率。似乎在和平氛圍中，能發生的只有和平事件。儘管成果相當有意思，但接下來的發展對此效應的研究，卻是個懸而未決的謎團。[20]

實驗告終時，暴力也隨之重返，程度甚至更勝於實驗展開前。發生了什麼事？為何冥想和祈禱的效應似乎也跟著實驗結束？問題的答案，或許是了解覺知品質的關鍵，因為覺知是創造的根源。效應之所以消失，是因為參與者**停止**了他們的作為，停止冥想與祈禱。這就是謎團的答案。

如果我們相信，選擇真實狀態只是當下偶一為之的事物，那麼停止感覺新的真實狀態的存在，隨之而來的效應當然也會結束。若假設療癒、寧靜和富足的感覺只是一種持續片刻的經驗，創造出來的真實狀態便也不過是個短暫的選擇。從現代科學實驗和古老思想的教誨中得知，真實狀態的創造不僅是我們的**作為**，更是我們的**存在狀態**！

關鍵11：我們必須「成為」自己選擇想在生命中「體驗到」的事物。

假使感覺是我們的選擇方式，那麼不停地感覺，就表示不斷做出選擇。我們可選擇心懷信服為世界和平感恩，因為和平永遠存在於某處；或是感恩自己和關心的人擁有安康，因為我們每天多少被治療且恢復元氣。

這或許就是阿拉姆語版的《福音》透過兩千年前留下的語言，試圖與未來人類溝通的內容。諾斯底教派失落的〈多瑪斯福音〉（*Gospel of Thomas*）描述的或許也是這個效應：「你擁有的，將因你把它從自己的內在呈現出來，而使你得救。你內在缺乏的那物，將因你的缺乏，而將你殺害。」[21] 這雖然是個簡短的告誡，含意卻相當強而有力。耶穌所說的話提醒我們，那股形塑生命與世界的力量，是一種存在於我們之內，且由世人共同分享的能力。

生命並不一定遵守物理定律

萬一我們的生活方式打破了物理定律的共識怎麼辦？或者我們根本不知道有定律存在？我們是否能夠依循量子粒子的範例，打破規矩？

一般常識認為，某物存在於一處時，不論「它」是什麼，肯定無法同時存在於他處。實驗結果卻顯示並非如此。

接下來的問題顯然是：如果組成世界的物質可同時分處兩地，也屬於世界一部分的我們，為何辦不到？為何我們無法在陽光沙灘享受愉快時光，或在峽谷中健行的同時，也完成在職場或教室內的責任？我們偶爾會好奇這種事的可能性，不過這可能性的存在應該純粹是幻想，不是嗎？

在不同時候聽到某一特別事件多次發生在不同人身上時，這些故事通常具有某些真實性。細節或許各有不同，但往往可透過其根本主題，而追溯到歷史上某一真實事件。大洪水（The Great Flood）就是最好的例子。在歷史上和諸多文化中，有個普遍的主題一再出現，故事在各個大陸上演，雖然語言不同，民族不同，內容和結局幾乎一模一樣。

每個歷史裡都有一人分身兩地的故事，雖然細節各異，但都在同一片刻出現在不同地點。這類事蹟往往被說成是瑜伽行者、神祕主義者，或擁有某種隱世能力的大師（但不一定都是如此）才有的舉止。故事中共通的線索在於能分身兩地的人，通常是握有愛或慈悲等人類情感力量的大師。這些故事經常被拿來跟聖人的工作聯想在一起，並且由傳教士、原住民或值得信賴的奇蹟見證者記錄下來。

譬如，在聖方濟保拉諸多分身的詳細紀錄中，有個案例發生在一五〇七年。當時聖人正在教堂祭壇上執行神職，進入教堂找他的民眾發現他似乎沉浸在深層的祈禱狀態中，於是決定不打擾他。然而，當他們走出教堂，卻訝然發現他就在教堂外，與街上的路人和當地人談話。這些人立即跑回教堂內，卻看見他仍在原地，「迷失在祈禱之中」，並未離開。聖方濟保拉透過與深度冥想相關的神祕意識狀態，在同一時間、同一群人面前出現在兩地。

一位住在西班牙阿格雷達（Agreda）一處修道院達四十六年的修女瑪麗亞（Maria de Agreda），宣稱她於一六二〇至一六三一年間，曾跨越大海，前往遙遠的土地旅行，多達五百餘次。對認識她、與她同住的人來說，她根本從未離開過歐陸。然而，對瑪麗亞而言，只要進入所謂的「神入狀態」，就能夠「飛」到遙遠國度。

在今日，這個現象會被歸類為三百年前的遙視現象（將意識專注於某特定地點，藉此見證、察覺遠方事件的能力），只不過，阿格雷達的瑪麗亞有個特別之處，她不僅拜訪所描述的地區，還教導當地居民關於耶穌的一生。雖然她只會說西班牙語，印第安人卻能了解她所分享的耶穌的教導。

墨西哥的大主教法蘭西斯．曼佐．祖尼卡（Don Francisco Manzo y Zuniga）一聽聞此事，隨即派遣傳教士前往當地調查，結果令他們非常驚訝，該地區的印第安人不僅知道耶穌的一生，還熟悉到讓傳教士得以立即當場為整個部落受洗。

將近十年後，瑪麗亞的神祕旅程終於獲得證實。在對教會發誓服從下，她詳細描述了那片從未親身抵達的異地。她的陳述非常完整，甚至包括當地氣候與季節變遷的細節，以及她教導的當地人的信仰和文化差異。經「教士嚴格的審查」後，教會宣布瑪麗亞的神祕之旅是真實的，並被視為「古神祕主義者之最高層次」。[22]

並不是所有分身兩地的故事只來自晦暗朦朧的十六、十七世紀。不久前的二次世界大戰中，也曾發生多次聖人分身事件，其中記錄最詳細的是關於義大利神祕的比奧神父（Padre Pio）的事蹟。他承諾遭納粹占領的聖喬凡尼羅通多市（San Giovanni Rotondo），不會受到盟軍破壞，便在光天化日下以非常罕見的方式現身。

當轟炸機來到聖喬凡尼羅通多市上空時，著棕色長袍的比奧神父竟出現在飛機前方，盤旋在半空中！那不是飛行員因為受到戰場的環境壓力，偶爾產生的短暫靈異現象，而是所有人全看見了神父的留滯影像。影像出現期間，對該城市投彈的企圖全都失敗。

飽受挫折且困惑不已的飛行員於是改變航程，降落在鄰近航空站，出任務前裝載的炸彈，一顆不少地返回地面。隨後，一位飛行員前往附近一座教堂，令他驚訝的是，他竟在教堂內看見稍早在空中盤旋於飛機前的那位修士，也就是比奧神父！

神父並非如飛行員所猜想的，是個鬼魂或早已辭世的聖者幻影，而是活生生的真人。那一天，他不知怎麼的，竟同一時間出現在兩個地方：在地面的教堂裡和空中的飛機前方。盟軍解放義大利時，聖喬凡尼羅通多市果然如比奧神父所承諾的，逃過一劫。㉓

我們經歷已知領域之外所發生的事件時，經常將之歸類為奇蹟。那麼，我們該如何看待這些分身兩地的事件與紀錄，以及其他流傳六百年的神奇事蹟？可以當作幻想或一廂情願的想法，一筆勾消嗎？或許吧。那也有可能是太閒或真心希望是事實的人，無中生有的故事。

倘若事情不只如此而已呢？假使已證實我們可不受目前物理定律限制，那麼我們將有機會以全新眼光看待自己，使我們在信心之外，為新的信念打下基礎。

一如本書前言詩句中提及的新生在意料外的經驗中獲得新的自由一般，我們若能跟隨量子粒子的「腳步」，在時空的界限之外運作，自然也能夠用此能力來療癒身體，為生命帶來喜悅。其間的關鍵就在於：要完成**看似**不可能的任務，必須先將過去以為的真相推展到極限。就像那些新生突破對「崖邊」的恐懼後，才發現他們更勝於過去所知的自己，我們若要在生活中展現奇蹟，首先必須破除奇蹟不可能發生的看法。

關鍵12：我們不受今日所知的物理定律制約。

要達到這個目標，必須先有人展現奇蹟，讓我們親眼目睹。這人或許對某一生活領域，如療癒，獨有天分；又或許只是很開明，願意以不同角度觀看世界。不論奇蹟如何發生，不論他是耶穌或隔壁鄰居，一旦有人展現出某種殊勝事蹟，其他人也將能擁有同樣的奇蹟。

有個很好的案例可用來說明這個原理。歐洲人最早抵達北美海岸時，北美原住民並無法看見停靠在海岸邊的大船。矗立著巨大桅桿和風帆的龐大木製船艦，對原住民來說是非常陌生的概念，他們缺乏足以說明眼前事物的參考點。就像我們的眼睛能夠看見電影中每格獨立的影像，原住民也看得見海平面上船艦的身影。我們的大腦試圖將所見的影格，匯聚成電影呈現的連續性經驗，以了解影像的意義，原住民也做了同樣的嘗試。只是，問題在於過去沒有人這麼做過，他們的集體經驗中，缺乏該如何看待一艘歐洲帆船的訊息。

直到部落巫士瞇起眼睛以不同方式觀看後，才開始認出船艦。他成功後不久，族人也看見了幾小時前視而不見的船隻。一切取決於你如何允許自己感知事物。當他們願意嘗試不同的方式與事物時，全新的世界隨即在眼前展開。或許我們與五百年前在海岸邊的原住民相去不遠。現在的我們只能想像，以不同方式思考世界、宇宙和自己時，能有什麼發現。

這一小章節開始時，我們問道：「假使一顆電子能夠分身兩地，為何我們不能？」若能換個方式提問，或許找得到答案。與其接受粒子辦得到而我們辦不到的想法，不如探討電子如何分身兩地。如果能夠了解組成我們的物質如何在奇蹟中運作，或許也能在生活中找到相同的條件。要了解奇蹟的運作方式，就必須探究我們存在的單一面向，那面向讓我們有能力藉由改變自己即能改變世界，那便是全像圖的力量。

【原註】

❶ 西雅圖酋長，〈西雅圖酋長給華盛頓的訊息〉，網址：www.chiefseattle.com。

❷ 提姆．佛裘（Tim Folger）對惠勒的採訪稿，〈假使沒人看見，宇宙存在嗎？〉（Does the Universe Exist if We're Not Looking?）*Discover,* vol. 23, no. 6 (June 2002): p. 44.

❸ Neville, *The Power of Awareness* (Marina del Rey, CA: DeVorss, 1961): p. 9.

❹ Neville, *The Law and the Promise*, p. 57.

❺ Neville, *The Power of Awareness*, pp. 103-105.

❻ 出處同上，第10頁。

❼ 出處同上。

❽ Seelig, Albert Einstein.

❾ Michio Kaku, *Hyperspace: A Scientific Odyssey Through Parallel Universes, Time Warps, and the 10th Dimension* (New York: Oxford University Press, 1994): p. 263.

❿ C. D. Sharma, A *Critical Survey of Indian Philosophy* (Delhi, India: Motilal Banarsidass Publishers, 1992): p. 109.

⓫ Neville, *The Law and the Promise*, p. 13.

⓬〈多瑪斯福音〉由古代基督教機構埃及諾斯底藏書計畫（Coptic Gnostic Library Project of the Institute for Antiquity and Christianity）成員翻譯及引介。引自「納格哈瑪地藏書」（*The Nag Hammadi Library*），詹姆士・羅賓生（James M. Robinson）編。(San Francisco, CA: HarperSanFrancisco, 1990): p. 137。

⓭ "John 16:23-24," *Holy Bible: Authorized King James Version* (Grand Rapids, MI: World Publishing, 1989): p. 80.

⓮ *Prayers of the Cosmos: Meditations on the Aramaic Words of Jesus*, Neil Douglas-Klotz, trans. (San Francisco, CA: HarperSanFrancisco, 1994): pp. 86-87.

⓯ Amit Goswami, "The Scientific Evidence for God Is Already Here," *Light of Consciousness*, vol. 16, no. 3 (Winter 2004): p. 32.

⓰ *The Illuminated Rumi*, p. 98.

⓱ *The Expanded Quotable Einstein*, p. 205.

⓲ Jack Cohen and Ian Stewart, *The Collapse of Chaos: Discovering Simplicity in a Complex World* (New York: Penguin Books, 1994): p. 191.

⓳ 關於身心連結，最清楚的資料來源是由杜克大學（Duke University）的詹姆士・布魯曼索所進行及記錄的重要研究。「冷靜下來：這有益於心臟健康」杜克大學新聞稿（一九九九年七月三十一日）中，引述了這份關於情緒回應與心臟健康關係的技術性研究，原文刊載於《諮商及臨床心理學期刊》（*Journal of Consulting and Clinical Psychology*）。網址：www.dukemednews.org。

⓴ 由大衛・奧美強生（David W. Orme-Johnson）、查爾斯・亞歷山卓（Charles N. Alexander）、約翰・戴維司（John L. Davies）、豪德・錢德勒（Howard M. Chandler）及華勒斯・賴瑞摩爾（Wallace E. Larimore）所進行的開創性研究，是一份如何在戰爭期間應用內在寧靜的精采案例。〈中東地區國際和平計畫〉（International Peace Project in the Middle East），《解決衝突期刊》（*The Journal of Conflict Resolution*），vol. 32, no. 4, (December 1988): p. 778。

㉑〈多瑪斯福音〉，「納格哈瑪地藏書」第134頁。

㉒ Joan Carroll Cruz, *Mysteries, Marvels, Miracles in the Lives of the Saints* (Rockford, IL: TAN Books and Publishers, 1997).

㉓ 關於比奧神父神奇一生的紀錄非常多，包括預言、神蹟現象、聖痕及分身兩地等事蹟。關於他在第二次世界大戰的事蹟，我所能找到的最佳資料來源，取自永恆之語電視電視網（Eternal Word Television Network）之網頁。網址：www.ewtn.com/padrepio/mystic/bilocation.htm。

第四章

一朝相連，永不分離：生活在全像式宇宙中

◉於是我們在此——全部隸屬於
「萬物」的偉大全像圖，
而萬物是其他人的「我」……
這一切是一場全宇宙的演出，
劇中除了你，別無其他！

——科學家、作家、神祕主義者，伊薩克．班托夫（Itzhak Bentov，一九二三—一九七九）

◉一沙一世界，
一花一天堂，
掌中握無限，
剎那即永恆。

——詩人暨神祕主義者，威廉．布雷克（一七五七—一八二七）

上一章的實驗中間接提到一個仍然未解的謎題。證明無量之網存在的證據之一是，當某兩種曾經結合在一起的「東西」（如兩顆光子，DNA與光子，或受試者及其DNA），縱使在分隔幾尺或幾百里遠，卻仍**表現**得彷彿彼此仍然相連。問題是：**為什麼？**

只是全像影像？

「話說百聞不如一見。」身為一個偏重圖像思考的人，這句話對我而言再確實不過。譬如，能親眼看見**如何**啟動汽車引擎，遠勝於閱讀說明**為何**轉動鑰匙，就能啟動活塞使活星塞擊出火星的操作手冊。我只要看過整體圖像，必要時，就能隨時回頭了解細節。有時候我只是希望車子能發動罷了。

我猜許多人也是如此。儘管我們淹沒在高科技的操作手冊和電腦教學課程中，學習事物**為何**如此運作，直接經驗仍然是詮釋新概念的最佳方法。全像攝影術就是直接經驗最好的例子。全像攝影術在一九四〇年代末出現後，一直被運用在研究中。❶ 然而，全像攝影術是什麼，有何作用，對當時不懂科技的人而言始終意義不大，直到一九七七年電影《星際大戰》上演後，情況才改觀。

影片開始沒多久，出現一幕重要場景，亦即莉雅公主懇求協助拯救其人民的畫面。她將求救訊息以數位全像圖的形式，儲存在擄獲全球觀眾的心與想像力的機器人R2-D2的記憶體中。當莉雅公主仍身陷於宇宙的一端時，R2-D2帶著她的全像影像來到星雲另一邊的遙遠世界。最後由年輕戰士天行者路克，從機器人身上取出這段祕密訊息。電影利用最尖端的影片製圖技術，呈現出一段驚人的畫面，**R2-D2**在屋內投射出公主的微型影像，彷彿她親臨現場似的傳遞了請求。

公主活生生的影像突然間就這麼出現在半空中，苦苦哀求著。對電影觀眾而言，她看起來非常立體，很有臨場感，甚至感覺能伸手摸到她，就像觸碰鄰座觀眾那樣真實。但若真的伸手觸摸，手只會劃過空氣，因為她不過是個全像影像。在七〇年代，許多人透過這一幕，首度體驗到何謂全像投影及其真實感。那畫面也使我們得以一窺電話在不久將來可能具有的驚人形式。即使在數十年後的今日，只要提及**全像圖**，就會想起莉雅公主的影像。

就目的而言，一般認為全像圖是利用特定投射方式，或在特定光線下製造出栩栩如生的立體影像。電影畫面呈現的是全像圖的用途之一，它的運用並不止於簡單的攝影技術。

全像圖的原理，或許是最簡單又最不為人所知的自然現象，同時卻又具有最大的潛力，因為我們可藉由全像圖的原理，在特定時間內，產生心智無法理解的大規模變化。但若想將此力量運用到個人生活上，必須先了解什麼是全像圖，及其運作方式。所以，讓我們從頭開始認識究竟什麼**是**全像圖？

認識全像圖

若請科學家解釋何謂全像圖，他們可能會說那是一種特殊攝影，影像表面在直接受到光照時，突然變得立體。要製作這種影像，必須使用雷射光將圖像分布在整個膠卷的表面。「分布」特性是全像影片最獨特之處。

如此一來，膠卷表面每一部分都具有如眼睛所見的完整影像，只是規模較小。換言之，每一片段都是個全像圖。原始圖像若被分割為許多碎片，不論多細碎，仍能呈現出原始圖像的完整畫面。

一如發動汽車引擎的直接經驗，是說明引擎運作的最佳方式，要解釋全像圖的運作，最好的方式也是運用實例。

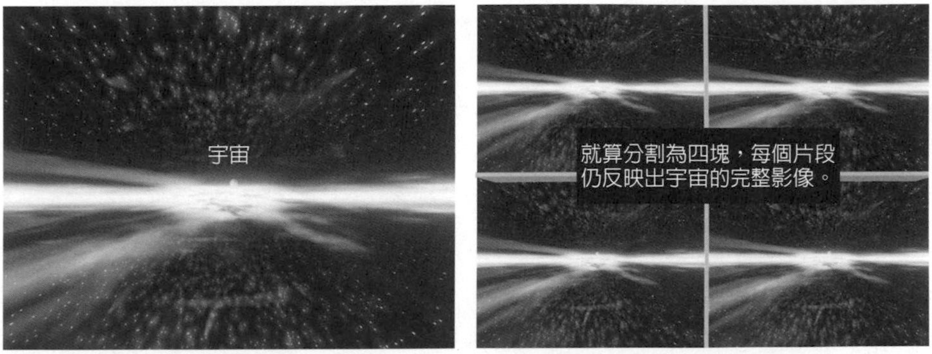
宇宙
就算分割為四塊，每個片段
仍反映出宇宙的完整影像。
某物若為全像式，則表示不論被分割為多少片段，每個片段皆具有完整的該物。此圖要表達的概念是，不論將宇宙分割到多細緻，不論是被分割成四部分的星雲，或一個人、一顆原子，每個片段都反映了宇宙的全部，只是規模較小。

一九八〇年代，市面上出現運用全像圖科技印製的書籤(如今已成為收藏品)，那是乍看像光滑鋁箔紙的銀色條狀小紙片。把書籤放在直射光線下前後晃動時出現的現象，正是有別於傳統書籤之處，因為亮光中的影像，彷佛有了生命般出現在紙片上方。就算把書籤傾向另一側，或者又換邊，影像依然存在，而且仍舊立體、栩栩如生。我記得這類書籤有多種款式，如耶穌基督的容貌、聖母瑪麗亞的身影、海豚跳躍金字塔的畫面和一朵盛開的玫瑰。

假使你擁有這種書籤，就可以自己進行實驗，示範全像圖的運作方式。不過我得先提出警告：實驗的缺點是你的書籤會被摧毀。清楚後果後，就可以拿把銳利的剪刀，把閃閃發亮的漂亮書籤剪成各種形狀的小碎片，盡可能剪至小到不能再小。假使書籤是全像圖真品，透過放大鏡觀看時，即使是在最細小的碎片上，也仍能看見書籤完整的影像，只是比較小。其中的原理就在於，因為完整的圖像其實存在於整張書籤的每一處。

關鍵13：在全像式「物體」中，每一部位都反映著物體的全部。

解開孿生光子之謎

了解何謂全像及如何製作這種影像後，讓我們重回第一章提及的日內瓦大學實驗。回顧一下：一對孿生光子彼此分隔二十二點五公里遠，當其中一顆光子在旅程終點前被迫於兩條路徑中做出選擇時，另一顆光子彷彿「知道」孿生兄弟的舉動般，永遠會做出相同的選擇。同一實驗在不同狀況下被複製多次，每次的結果都一模一樣。兩顆光子雖然相隔數十里，卻表現得彷彿仍彼此相連。

傳統理論認為之所以發生這種連結現象，是因為光子能透過某種方式彼此傳遞訊息。而這就是物理學家面臨的困難，因為訊息若要在兩者間傳遞，移動速度必須**超越**光速。但根據愛因斯坦的相對論，物體移動速度無法超越光速。

那麼有可能是粒子違反了物理定律？又或者這現象說明了什麼？它展現的也許是種非常陌生的世界觀，而我們仍企圖強以現知的能量傳遞方式來詮釋眼前謎樣的現象？

或許光子從未將訊息發送給另一顆光子？在我們所處的世界中，光子之間的訊息、為關切的對象所做的祈禱或對和平的渴望，是否不需要旅行半個地球，不用任何傳輸，就能被接收？

答案是可以的！我們正處於這樣的世界。加州門洛帕克市（Menlo Park）史丹佛研究中心（Standford Research Institute）的共同創辦人羅素．塔格（Russell Targ），對此連結做了精采的陳述：「我們生活在一個非定域性世界，物體雖然彼此分離，卻能在瞬間互相溝通。」❷塔格接著又如此解釋：「但那不表示我閉上眼睛，然後對千里外的某人傳送訊息，而是我和他在意識上某種程度並無分隔。」❸ 訊息不需在兩顆光子間傳送，是因為它們早已在那裡，從未**從**任何地方離開，也不曾以傳統方式被傳送**到**另一地點。

根據定義，全像圖中的任一部位皆反映出整體的每個部位。某一部位具有的特質，也存在於其他所有部位。因此，在非定域性全像式宇宙中，負責連接萬物的潛在能量，也在瞬間連結了全體。靈性導師大都同意科學家對此真實相狀的觀點。系統哲學發起人鄂文．拉茲羅（Ervin Laszlo）如此敘述：「一如宇宙的演化，生命也在演化，在根本的場域中跳著『神聖舞蹈』。」❹

這似乎正是大乘佛教的古典籍《大方廣佛華嚴經》描述的「美好的能量網」，它連結了宇宙中的萬物。假使宇宙是非定域性與全像式，那麼這張網不僅將一切串連一起，其中每一點也都反映出其他的點。經書一開始便提及，在古老的過去，網有段時間「掛」了起來，且如宇宙自身一般，「朝四面八方無限延展」。

這張網不僅**是**宇宙，也容納了宇宙，並賦予其全像的特質。古經文中描述網上數不盡的珠寶是宇宙的眼睛。因此，一切皆可為萬物所見。這部可能是世上描述全像圖的最古老經文提及，每個珠寶都具有改變整張網的力量：「宮殿網珠，如是交皎，重重影現，隱映互彰，重重無盡。」❺根據我參考的經文翻譯，這張網「象徵了宇宙中的萬物間，具有一種無盡重複的交互關係。」❻

這是個美麗的描述，說明了大自然藉以生存、成長、演化之微妙有力的原理。在全像式宇宙中，每一小片段都以較小的規模映照出整個世界，每一處都擁有全部。在全像原理中，我們生存與生長所需的一切，不論是單純如一片草葉或複雜如人體，全都隨時隨地與我們同在。

了解全像圖無限連結的力量後，就能明白世間沒有任何事物是隱而不見的祕密，因為祕密是分離感的副產品。我們在表面上或許與彼此和世界是分離的，但在全像圖源起的層次，也就是無量之網中，分離並不存在。在這個一體的層次上，沒有所謂的「這裡」和「那裡」。

現在可以回答本書第一部提及的實驗中，奇特事件「為何」發生的問題了。美國陸軍對受試者及其細胞進行實驗時，DNA表現得彷彿仍與產生情緒的主人相連一般。即使受試者與其DNA相距逾四十八公里，結果也無不同。由於傳統解釋無法回答為何DNA對主人的情緒有反應，謎題依然未解。

多數人認為這個實驗中存在某種共享的能量。當我們想到能量，通常認為能量總先在某處產生，再被傳輸到另一處。就像電視影像或收音機中的音樂，是能量由A點放送到B點的結果，我們也期待某種力量由受試者傳送到他的DNA。但若要進行傳輸，從一點行進到另一點必然需要時間。時間不必太長，也許只是十億分之一秒，對從一點移動到另一點的傳統能量而言，已經足夠。

然而，此實驗的重點在於，原子鐘（在百萬年內只有一秒鐘的誤差）顯示並未發生時間差。情緒影響同步發生在DNA上，根本不需要交換訊息。在量子層次上，受試者和DNA是同一模式的一部分，來自彼此的訊息早已存在於彼此之內。它們早已連結一體。受試者情緒的能量從未前往**任何地方**，因為它早已存在於**每一處**。

我們希冀改變世界的所有期望，包括療癒、心愛者的平安、中東地區或全球六十餘個陷入戰亂國家的和平，並不需要自心中或腦海發送到所需的地區，不需「派送」到任何地方。祈禱一旦在內心發生，也同時無所不在。

關鍵14：連結一切的意識全像圖，使善願與祈禱在心中升起的剎那，即已存在於標的中。

這個原理的含意非常深遠。但要真正體會它對生命的影響，還必須檢驗全像圖運作方式的最後一塊拼圖，即引發改變的力量。假使萬物真的互相連結，且無所不在，那麼如果改變全像圖的某一部分，會有什麼結果？答案或許將再度令你訝然。

某處的改變意味著全面的改變

電影《接觸未來》中，有些回顧主角童年的畫面陳述了她父親驟然往生前，對她生命的影響。他對主角達成目標的雄心壯舉總是給予支持，經常說女兒在未來會一小步、一小步地完成偉大之事。

這不僅是父母給孩子的好建議，顯然也是生命與意識全像圖運作的方式。當我們在這裡做點小改變，在那裡又做點小改變，突然間似乎**一切**就全變了。事實上，某處的小變動，能永遠改變整個格局。

先知暨哲學家拉茲羅解釋了原因：「在一處發生的事件，也發生在其他地方；在某一時間發生的事情，也發生在此後的時間中。沒有什麼是『定域性的』，不受限制僅能發生於某處某時。」❼非定域性全像原理是一股巨大的力量，甘地和德蕾莎修女等精神導師即為最佳的示範。在量子世界中，改變就是巨人歌利亞，而這股力量是以小博大殺死巨人的大衛。

全像圖的每一部位都含有原始影像，改變任何片段，變化也會反應在圖像的每一處。多麼美妙的關係！單純改變某處，竟能導致每一處也發生變化！從大家都熟悉的人體DNA上，即可看見小改變影響整個系統的最佳案例。

看過現代犯罪現場調查就知道，犯人在現場留下的任何身體蹤跡，都能拿來指認他。只要調查人員鑑定出身體部位或來自身體的任何東西，例如一滴血、一根扯斷的頭髮、精液污漬或斷裂的指甲，就能指認某人。DNA來自身體的哪個部位並無所謂，因為根據全像原理，每一部位都映照了整體。單一DNA與體內所有的DNA（突變除外）長得一模一樣。

據估計，人類平均約有五千萬兆到一億兆個身體細胞，每個細胞各擁有二十三對含有個人DNA（生命密碼）的染色體。算一算，人體內約有二十三億兆到四十六億兆個DNA。若想要一個個更新細胞內的所有DNA，要花掉多少時間？然而DNA修改物種的藍圖時，並不需要透過一次一個的線性方式，基於全像圖原理，一旦發生變化，將會普及全體。

關鍵15：生命中的微小變化透過意識全像圖，即能反映在世界各地。

你或許會問，**為什麼這對我的生命很重要？**問題雖然清楚明瞭，答案卻非如此。全像圖微妙之處在於呈現只改變某一處模式，即能大規模引發巨大變化的影響力。之所以必須了解全像原理，因為我們似乎就是如此運作。從體內的DNA、世界的原子結構、記憶和意識的運作方式等現象看來，我們似乎是某個更偉大存在的全像圖，不過我們對它的了解才剛起步。

全像宇宙中的全像式大腦

我記得曾在一九七〇年代看過某部關於人類大腦的紀錄片，片中外科醫師正準備為意外受傷

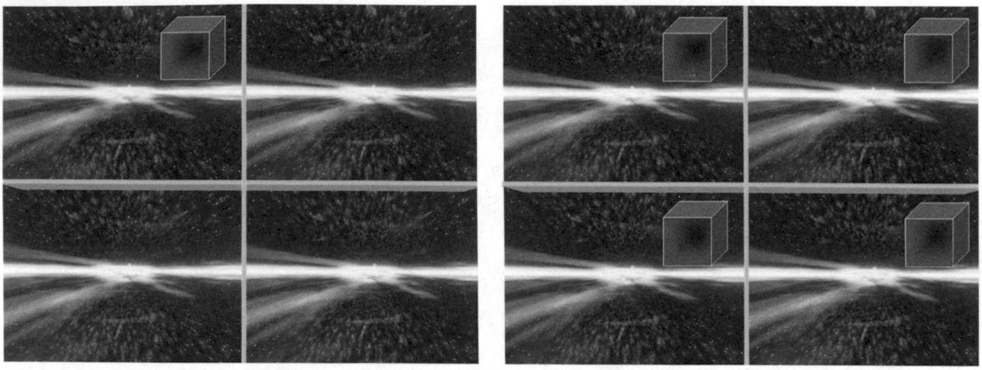

在全像圖中，某物的任一部位會反映出其他所有部位，變化也出現在全體各處。即使將宇宙分割為四小塊，每一小塊仍將反映出整個宇宙。某部位的改變（以淡色小方塊表示）也反映在每一鏡面中。

的患者釋放出腦部深處的壓力。醫師在患者意識清醒的狀態下，以電探針刺激暴露在外的某些大腦區域，檢視其與身體哪些部位有關。譬如當電探針觸碰某處，患者若「看見」顏色爆發開來，該區位就被標示為視覺中心。

撇開在明亮的手術室看見活生生大腦的詭異經驗不談，紀錄片之所以如此有趣，在於過程中對人類大腦運作方式的發現。影片顯示大腦的特定區域受到電流刺激，能使患者看見顏色，但這些區域不符合傳統觀念中與視力相關的部位。感覺像是某些部位學會了「看」，而在一般預期中那是大腦其他部位的功能。

腦神經學家卡爾．普里布朗（Karl Pribram）在其革命性工作中，發現大腦功能比過去推測的更有整體性。在普里布朗之前，人們相信大腦就像一台驚人的生物電腦，在特定區域儲存特定類型的資訊。在機械性記憶模式中，特定記憶和儲存位置是一對一的關係。然而實驗結果並未發現這種定域性的記憶。

紀錄片顯示大腦不同部位也同樣「知道」其他部位的功能。實驗更證實，移除動物腦中掌控特定功能的部位後，動物仍保有該功能的記憶，並且繼續生活。換言之，記憶與腦部特定位置之間並無直接相對關係。顯然，腦部與記憶的一對一機械觀點並非我們找到的解答，反之，一定發生了某種奇特而美好的事情。

普里布朗在一九七〇年代早期，率先發展一種可用來解釋實驗結果的有效模式，因為他漸漸認為大腦和記憶的運作模式有如全像圖。探索大腦處理資訊方式的實驗，就是證實他想法正確的關鍵之一。普里布朗運用早期研究來測試其假說。一九四〇年代的科學家丹尼斯・嘉伯（Dennis Gabor）運用了複雜的傅立葉轉換公式（Fourier transforms，以發現者約瑟夫・傅立葉為名），創造出第一個全像圖，並因而於一九七一年獲頒諾貝爾獎。普里布朗假設大腦的運作方式若真如全像圖那樣，能將資訊分布到大腦的所有柔軟迴路中，應該就能像傅立葉公式一樣處理資訊。

普里布朗了解腦細胞能製造電波，因此運用傅立葉轉換公式，就能測試出訊息迴路的模式。果不其然，他的理論正確，實驗證明大腦處理資訊的方式等同於全像圖。

普里布朗在某次會談中，以「全像圖中的全像圖」的簡單比喻解釋他的大腦模型：「視覺系統中的全像圖是……斷片全像圖（patch hologram）。」[8] 亦即大影像的小部分。「整個影像的組成方式就像昆蟲的眼睛，是由千百個小晶體而非一個大晶體所組成……當你面對該影像時，看到的是所有畫面交織而成的統合圖像。」[9]

有趣的是，普里布朗和波恩（其理論見本書〈前言〉）雖然各自獨立展開研究，卻以相同的解釋描述其實驗結果。兩人不約而同皆應用全像模式來理解生命現象。量子物理學家波恩將宇宙視為全像圖；而腦神經學家普里布朗則將大腦視為全像處理器來進行研究，認為大腦執行的是全像式工法。若將兩個理論組合起來，得到的可能性將會粉碎舊有思維模式。

那樣的可能性暗示我們是更大系統的一部分，是某些真實相狀中之諸多真實相狀內的許多真實相狀。在此系統中，世界可被視為是在更深層且根本的真實相狀中所發生事件的影子或投射。眼前的宇宙，其實是個人及集體思想將更深層領域內的可能性，轉換為物質真實狀態的結果。這種對自己和宇宙全然不同的新觀點，使我們得以直接實踐所有可期望（祈禱）的、夢想的與想像的可能性。

普里布朗的研究為這些可能性提出一種思維。他認為，透過與宇宙互動的大腦全像模式，大腦的運作使我們得以獲得超越時空的經驗。在全像模式的脈絡中，一切都有可能。想要經歷潛在可能性的力量，必須以這種新思維來看待自己，一旦辦到了，就會發生美好的事情：那就是煥然一新。

我們無法模稜兩可地視自己為可能性宇宙中強大的存在者，若「非」即「是」，沒有曖昧地帶。這正是本書的重點。除非有理由，否則我們無法以不同方式思考自己。無量之網是個處處相連的全像圖，這個概念指明，唯一能使我們受限的是心中的信念。

如古老的靈性思想所說，那道由內心最深層信念築起的無形之牆，是我們最堅固的牢獄，卻也是自由最強大的泉源。儘管世界各地的知識傳統各異，卻一致指出：**我們握有受囚或自由的機會，也是唯一具有決定權的人。**

芥子的力量

普里布朗的先驅工作和隨後其他人員的研究成果顯示，人類大腦的運作方式就如全像式資訊處理器。若對個人是如此，對集體思緒與意識也應如此。如今地球人口（及心智）逾六十億，在無量之網的容器中，每個人的心智全隸屬於更龐大的覺知。

不論每個人的心智差異多大，都含有整體意識所具備的模樣。透過這個連結，人人能與整體直接接觸。換言之，我們全擁有改變世界全像圖的力量。對某些人而言，那不是他思考自己是誰的慣常方式，但對其他人而言，卻與其信念和經驗不謀而合。

科學研究證實這些原理為真，並且發現當團體**之中**的人分享某一共同意識經驗時，不僅能在團體**之外**測得效力，甚至擴及聚會的建築物之外。顯然，內在經驗能透過某種微妙的管道進行傳輸，而不受物理定律或周遭環境的限制。這個現象可在超覺靜坐（Transcendental Meditation）對廣大群眾的影響中獲得驗證。

一九七二年，美國二十四座人口超過一萬的城鎮，在僅百分之一的當地人（一百人）參與這項研究後，在地社群即體驗到有意義的改變。參與研究的人，採用特定靜坐技巧，創造反映周遭世界和平的內在經驗。為了紀念瑜伽行者瑪哈禮希·瑪赫西（Maharishi Mahesh Yogi），特將此現象稱為「瑪哈禮希效應」。瑪哈禮希主張只要百分之一的人口參與他提供的靜坐方式，就能降低那群人口之中的暴力與犯罪。

這些實證和類似研究最後促成一項指標性計畫「中東國際和平計畫」的產生，成果於一九九八年刊載於《衝突解決期刊》（*Journal of Conflict Resolution*）。[10] 一九八〇年代初期，在以色列—黎巴嫩戰爭期間，參與者接受超覺靜坐技術訓練後，在體內創造和平現象，而非只是單純在腦海中思考或祈禱和平到來。

在每個月幾個特定日子與每天特定時間中，這些人被安置在飽受戰爭蹂躪的中東地區。當他們處於和平狀態中，恐怖事件、犯罪、急診、交通意外的頻率全都下降，然而一旦離開和平狀態，統計數字不降反升。這些研究確認了早期的發現：小部分人口內在達到和平時，周遭世界也將祥和寧靜。

研究結果也將一週的哪幾日、假日，甚至連月週期都考慮在內，由於結果始終如一，研究人員因此得以確認，要使內在經驗反映到周遭世界所需的最少人數是百分之一人口數的平方根。這是啟動效果所需的基本人數，參與的人越多，成果越明顯。儘管無法全然理解為何會有如此效應，但實驗結果與關連性證實效應確實存在。此原理可應用在生活中的任何團體，不論是小社群、教會聚會、大都市或整個地球皆然。要計算出一個團體內需要多少人一起進行和平祈願及療癒，公式建議如下：

1. 判定現有總人數。
2. 計算出總人數的百分之一（將步驟一得出的數字乘以〇．〇一）。
3. 計算出總人數百分之一的平方根（在計算機上打入步驟二得出的數字，接著按下√功能鍵）。

以此公式得出的數字可能比我們預期的更小。例如，在擁有一百萬人的城市中，總共只需一百人。在六億人口的世界裡，只需要八千人。公式代表的是啟動此程序所需的最少人數，參與者越多，效應越快發生。雖然這些研究仍值得加以深入探索，卻也同時證實效應的產生並非偶然。

關鍵16：要在意識中「啟動」改變，所需的最少人數為總人口數之$\sqrt{1\%}$。

或許這就是為何許多珍貴的古老思想都強調個人對整體的重要性。關於信念的力量，最著名的寓言是耶穌運用全像原理，說明一個人只需要一點信心，就足以打開通往更大可能性之門。他說：「事實上，你的信心若有芥子那麼大，就可以對山說：『從這裡移動到那裡。』山就會移動。對你來說沒有不可能的事。」[11]下一節將討論這究竟代表什麼意義。但在那之前，應先釐清「信心」（faith）是什麼意思。

信心一詞有時帶有一點情緒性特質，因為它經常被聯想為缺乏明顯基礎支持的信念，例如不時聽到的「盲目的信心」。我認為並沒有所謂絕對盲目的信心。在內心深處，一切信念來自對於事物「現況」與「可能狀況」間的深度連結所產生的感覺。我們也許無法隨時意識到或有辦法解釋**為何**自己會如此衡量某事，但心中的信念對我們來說卻是真實無疑，而此真實感就是信心的基礎。

不過，有一種信心確實奠基於穩固的先進科學，有量子物理的發現佐證。我們在第三章曾簡單討論過，為何單純的觀察能夠改變物質世界。所有的量子詮釋都同意在具多重可能性的宇宙中，同時存在許多真實相狀。如實驗所證，我們觀察某物的這個舉動，即**有意識的觀察**，促使諸多可能性之一被鎖定為**我們的**真實狀態。換言之，**我們在觀察時所抱持的期待或信念**，是在所有可能性當中，「選擇」某一可能性成為「真實」經驗的要素。

在此前提下，耶穌所說的信心，就不只是藉用字意來象徵山將移動而已。這個有兩千年歷史的寓言，傳授的是一種有力的語言，使我們得以從既存的無數可能性中選擇真實狀態。如奈維爾對於信心的清晰描述，在「堅持已滿足渴望的假設」的舉動下，「世界必得服從你的假設。」⑫從移山的例子看來，當我們確實知道山已移動，這股抱持此事已發生的信心／信念／假設，是把該可能性推入真實狀態的能量。在所有可能性的量子層次中，山別無選擇，它必須移動。

下列案例說明了這類信心與信念有多麼簡單、自然，而且能打開通往無數可能性的門：只要你略為轉念，就能在世上創造出巨大的轉變。

幾年前，我有幸目睹在生物上等同「移山」的事蹟。這一次，所謂的「大山」是一位中年婦女膀胱中致命的腫瘤。西醫診斷出婦女體內有個巨大的惡性腫瘤，認為已無法開刀切除。在飯店大廳臨時布置的教室中，講師為我們播放一段他製作的影片，當時他在中國北京一所不施藥的醫院，親眼目睹了神奇療癒過程。⑬

這是當地諸多採用非傳統療法、且成功率極高的醫院之一。在寒暄和介紹引言等例行程序後，我們對即將觀看的影片已有所了解。講師強調影片的目的是要展現每個人都具有療癒的力量。這**不是**醫院的廣告，也不是要鼓勵病危患者衝動地前往北京。我們即將目睹的事蹟也能在教室或家中的客廳發生。他說療癒的關鍵在於以非侵入性和慈悲的方式，將注意力集中在自己或關切對象（取得當事人同意）的情緒和能量的能力。

片中的婦人嘗試過所有方法後，抱持最後一線希望來到這家醫院。醫院強調健康是個人的責任，也提供肯定生命的新生活方式，而非單純只是「醫治」，然後把人送回家。新生活方式包括新飲食習慣，從事溫和運動以提升體內的生命力（氣），以及新式呼吸法。遵循簡單的改變，患者的身體便足以承受接下來的療癒。

在手持攝影機的畫面中，長腫瘤的婦人躺在醫院推床上，神智清醒，並未施打鎮定劑或麻醉藥。後方站著三位穿著白袍的治療師，一位超音波技師坐在前面，握著能產生超音波影像以檢視體內腫瘤的掃描器。講師告訴我們，影片並不像自然節目那般毫無延遲，例如在幾秒內快速播完玫瑰連續數日的開花過程。影片播放的是實際花費的時間，如此才能見識真正的治療功效。

影片很短，僅歷時四分鐘。在這段時間，我們目睹西方醫學標準中所謂的奇蹟。然而，在無量之網的全像脈絡中，一切合情合理。治療師們以同一個字來強化自己體內某種特定感覺的品質，並單純處在婦女已經痊癒的情緒中。這令人聯想起奈維爾的引導：「把未來的夢想視為當下的事實，表現出願望已達成的感覺。」[14] 雖然他們都知道在展開療程的前一刻腫瘤早已存在，卻也認為腫瘤的存在只是諸多可能性中的一個。那一天，他們啟動召喚另一種可能性的密碼，運用無量之網能理解與回應的語言，也就是受人類情緒指引的能量（見第三章），來進行治療。

我們看著治療師，聽見他們重複念誦某種祈禱文，意思大約是「已成就、已成就」。最初似乎毫無動靜，突然間腫瘤開始變得忽隱忽現，像是搖擺在不同現實之間。我們帶著敬畏的心情，鴉雀無聲地看著螢幕。幾秒鐘後，腫瘤變得模糊，然後在畫面上完全消失，腫瘤不見了！其他一切事物就和幾秒鐘前相同，除了那顆威脅婦人性命的腫瘤之外，全都一模一樣。房間沒有改變，治療師和技師仍然在場，沒有任何地方看起來「有鬼」，只有原本使婦人性命瀕危的情形消失。

記得自己當時心中想到「只要一點信心就能移山」的古老告誡，也反省過去以為移山只是個比喻，當下卻明白那是貨真價實的事實。運用百分之一平方根的公式，醫院中參與的人數證實了意識能直接影響人類的真實狀態。

療程中共有六個人在場（三位治療師、一位技師、一位攝影師和接受治療的婦人）。應用該公式，在場人數的百分之一的平方根僅〇・二四四個人！只要不到一人絕對確信療癒已經完成，就能改變婦人的生理真實狀態。

儘管參與這個案例的人數極少，公式依然奏效。如前面所述，這個數字是啟動新真實狀態所需的**最少**人數。現場所有人可能都感受到她的痊癒，而且她的身體只花了二分四十秒就反映出他們的真實狀態。

我取得授權，在世界各地為許多觀眾播放該影片，其中包括杏壇人士。觀眾的反應不一，但都在預期之內。當療癒發生時，現場通常陷入短暫的沉寂，因為觀眾仍在內心和腦海中理解眼前所見。沉寂之後，隨之而來的是喜悅的嘆息和笑聲，乃至掌聲。對某些人而言，這段影片肯定他們已深信的事物。真正看見事情的可能性後，連信心也受到加持。

心存懷疑的人通常會問：「假使這是真的，為何我們不知道？」我則回答：「你現在知道了！」下個問題往往是：「療效能持續多久？」研究顯示患者若能持續醫院教導的有益生活的營養、呼吸和運動方式，五年後的存活率高達百分之九十五。

人往往渴望相信，但太多人又因為無法受惠於現代科技而感到挫折，所以看完影片後，他們不禁喃喃嘆息說：「這太簡單了……不可能這麼容易！」我的回應則是：「為何要期待任何不如意呢？」在無量之網的全像世界中，一切都有可能，我們主導著自己的可能性。

若一味相信我們在「這裡」，而可能性在「他處」，有時候會讓人覺得可能性遙不可及。用來描述無量之網**如何**運作的規則，同樣也告訴我們，在更深層的真實相狀中，我們以為的「他處」其實就是「這裡」，反之亦然。一切端看如何在一片可能性之中看待自己。

明白一切經驗早已存在的道理之後（包括最可怕的折磨與最美妙的狂喜在內），自然而然能發現自己擁有瓦解那些介入性的干擾空間並將可能性帶入生活的力量。而透過想像力、夢想和信念的無聲語言，即可掌握這股力量。

【原註】

❶全像圖科技是由匈牙利科學家丹尼斯．賈伯（Dennis Gabor）於一九四八年發明。賈伯於一九七一年，基於他在二十三年前的發明而獲得諾貝爾物理獎。

❷羅素．塔格在與電影《罪魁禍首》製作人同台的特別評論節目中所說，電影由艾力司．梅爾辛吉（E. Elias Merhige）導演，二〇〇四年上檔。

❸出處同上。

❹Ervin Laszlo, "New Concepts of Matter, Life and Mind," a paper published with permission by Physlink at the Website: www.physlink.com/Education/essay_laszlo.cfm.

❺Francis Harold Cook, *Hua-yen Buddhism,* p. 2.

❻出處同上。

❼Laszlo, "New Concepts of Matter, Life and Mind."

❽Karl Pribram, as quoted in an interview by Daniel Goleman, "Pribram: The Magellan of Brain Science," on the SyberVision Website: www.sybervision.com/Golf/hologram.htm.

❾出處同上。

❿"International Peace Project in the Middle East", *The Journal of Conflict Resolution,* p. 778.

⓫"Matthew 17:20," *The New Jerusalem Bible: The Complete Text of the Ancient Canon of the Scriptures*, Stand Edition Henry Wansbrough, ed. (New York: Doubleday, 1998): p. 1129.

⓬Neville, *The Power of Awareness,* p. 118.

⓭《一百零一個自然療癒奇蹟》（*101 Miracles of Natural Healing*），由創辦人龐明醫師所創造之智能療法（Chi-Lel™）逐步教學錄影帶。網址：www.chilel-qigong.com。

⓮ Neville, *The Power of Awareness*, p. 10.

第五章

此地即他方，此刻即彼時：在無量之網中跨越時空

◉時間完全不是表象那回事。它並非單向流動，未來與過去同時存在。

——物理學家愛因斯坦（一八七九－一九五五）

◉時間防止一切同時發生。

——物理學家約翰．惠勒（一九一一－二〇〇八）

「時間／對等待的人而言太緩慢／對恐懼的人言而太快速／對悲傷的人而言太漫長／對歡喜的人而言太短暫／但對心中有愛的人／時間不存在。」詩人亨利．范．戴克（Henry Van Dyke）為我們點醒人類與時間的諷刺關係。

時間可能是人類所有經驗中最撲朔迷離的一種，我們既無法捕捉時間，也無法攝影存證。一反日光節約時間所指涉的意義，我們更不可能收集時間，留到稍後再用。試圖描述時間在生命中的意義時，能使用的只有具相對感的文字，例如某事發生在過去的**那時**，或現在的**此時**，要不然就是未來**某時**。我們只能透過發生於**其中**的事物來描述時間。

千百年來，神祕難解的時間一直是人類注意的焦點。過去以來，我們有充分理由在數不盡的歲月裏，努力發明與改良能追蹤時間週期和週期內的循環系統。譬如，若想知道何時該播種作物，以支撐整個文明生活，就必須了解自上次收成後，過了多少日子以及幾次月亮週期和虧蝕。古老的計時系統對此有詳盡的紀錄。馬雅曆法從西元前三一一三年（五千多年前）就開始計算時間週期，而印度曆法系統更早在四百萬年前，便已追蹤創世週期的進展！

二十世紀以前，西方世界對時間的看法仍相當詩意，認為時間是一種人類經驗的人為產品。哲學家尚保羅．沙特（Jean-Paul Sartre）描述我們與時間的關係是「一種特殊的分離：一種帶來結合的分割」。然而愛因斯坦於一九〇五年發表相對論後，詩意的觀點發生了變化。相對論問世之前，時間被認為是獨立的經驗，與定義空間的長寬高毫無關連，但愛因斯坦的理論卻主張空間與時間密不可分。他說，時間與空間共同創造出四度空間，那是個超越我們熟悉的三度空間經驗的領域。於是突然間，時間不再只是個平凡的哲學概念，而是一股需要認真看待的力量。

愛因斯坦透過對明顯事實的簡單敘述，描繪了時間神祕的本質，給我們對時間的認知帶來新的意義：「過去、現在與未來之間的差別，只是一種頑固不退的幻覺。」❶愛因斯坦如此強力的斷言，完全改變我們對自己與時間關係的看法。想想看這其中的意義，假使過去與未來全存在於當下這一刻，該如何與它們溝通？又能否進行時間旅行？

愛因斯坦發表如此大膽言論之前，前述問題引發的可能性，早已激發科學家、神祕主義者和作家的好奇心。從埃及奉獻給時間經驗的祕密寺廟，到赫伯特．喬治．威爾斯（H. G. Wells）於一八九五年出版的經典驚悚小說《時間機器》（*The Time Machine*），期盼擁有在時間之流中搭便車的能力，不僅擄獲了人類的想像力，也充斥在我們的夢想中。我們對時間旅行的迷戀和人類的歷史一樣古老，對時間的疑問也永無止盡。

時間是真實的嗎？沒有我們，時間是否存在？時間的意義與意識有無關連？若有，我們有能力或權利打斷它往前流動的趨勢，以窺探未來，或者拜訪過去並與故人溝通嗎？我們能否與其他空間，乃至與和我們共享此刻的其他世界接觸呢？

下一節的故事中，由於「此地」和「他處」的界線並不明確，進而促使我們重新思考時間在生命中的真正意義。

超越時間的訊息

葉蒂．杭伯斯坦（Yitta Halberstam）和朱蒂斯．李文佛（Judith Leventhal）於《在轉角遇見奇蹟》（*Small Miracles: Extraordinary Coincidences from Everyday Life*）這本震撼人心的書中，分享了一則關於原諒的神奇故事。❷ 儘管我已盡力捕捉這則令人驚歎故事的精髓，仍希望你有機會能閱讀原文，以便體驗故事的完整性。故事中的原諒是如此強大，甚至超越了時間，不僅增添故事盎然趣味，也使我想在此與你分享。

父親的死訊震撼了喬伊。自從他十九歲那年，對家中傳統的猶太信仰提出質疑後，便不曾再與父親說過話。對父親而言，對古老的哲理心有存疑，是最不可原諒的恥辱。他威脅兒子必須接受自己的根，不可質疑，否則將終止父子關係。喬伊無法達到父親的要求，於是離家去探索世界。他和父親從此不曾再說過一次話。

朋友在印度某家小咖啡廳找到喬伊，傳達了他父親的死訊。喬伊得知父親過世的消息後立即趕回家，並開始探索自己的猶太傳承。自己的背景和對父親的了解所帶來的新洞見使他深受感動，於是計畫進行一趟個人的朝聖之旅，前往家人傳承之根的起點——以色列。

故事在此出現一個神祕而深刻的轉折，使我們得以洞悉無量之網的力量。

喬伊來到耶路撒冷的哭牆前，那是古老寺廟圍牆的一部分，寺廟在兩千年前遭到破壞，只留下這片牆。傳統猶太人每天到此禮拜，重複念誦千年不變的禱詞。

喬伊寫了張紙條給父親，述說他的愛，並且請求原諒他對家人造成的痛苦。然後，他打算依循習俗，把紙條留在石牆原有灰漿脫落後造成的裂縫中。當他找到適當的位置放置紙條時，發生了一件西方傳統科學無法合理解釋的神奇事件。

正當喬伊把紙條置入牆縫之際，另一張紙條突然從石縫間掉落到他腳邊。那是某人所寫的祈禱文，可能在幾星期或幾個月前就已放進去。喬伊伸手拾起紙條，突然感受到某種奇特的感覺。

他打開紙條，閱讀內容，最後認出了字跡，是父親的筆跡！那是父親過世前所寫，並且留在石牆上的紙條。字條裏述說了他對兒子的愛，並且請求上帝的原諒。不久前的某個時間，喬伊的父親也旅行來到喬伊此刻佇立的同一地點。在出人意料的共時轉折中，父親把他的祈禱放置在石牆上，紙條一直留在那同一位置，直到喬伊經過。

真是個令人震撼的故事！世間怎麼可能發生如此特殊的事情？顯然在各種真實相狀與世界之間，正在進行某種溝通。喬伊生活在現在的領域，也就是「我們的世界」裏。儘管他的父親已不在人世，猶太教徒相信他仍存在於**哈夏馬印**（ha-shamayim），即**天堂**之中，那是超越人類世界之外的領域。他們相信兩個世界同時存在於此刻，並且能互相溝通。

雖然喬伊父親的訊息**如何**抵達他手中的機制可能永遠是個謎，可以確信的是：要使喬伊接收到父親仍能與他接觸的徵兆，兩人間必然有某種連結，並且有個媒介，為此兩領域的經驗提供容器。無量之網就是這個容器，它完全符合古人對天堂的描述：那是靈魂的家，它包容了過去、現在與未來。

透過無量之網這道橋樑，喬伊和父親得以發展出某種美麗而珍貴的連結。某種超越了時間、空間，甚至（在此故事中）超越生死的溝通，為一對父子帶來心靈的療癒，完成旅程。空間創造出**此地**與**他處**，而時間引發**彼時**和**此刻**，因此必須更深入探討人類與空間和時間的關係，才能了解此類事件如何發生、為何發生。

此地即他方

假如宇宙和其中的一切真如實驗所證，全存在於無量之網容器中，就得重新定義空間與時間的概念。我們甚至會發現，看似將我們與彼此和心愛的人分隔開來的距離，實際上分離的只有我們的身體。如喬伊與其父的故事所示，我們內在有某種東西，不為距離或傳統物理定律所限制。

雖然這些可能性聽起來像科幻小說的情節，卻也是嚴肅的科學研究主題。事實上，在冷戰期間，美國與前蘇聯都投入大筆經費，試圖了解連結一切萬物的無量之網究竟有多真實。這些超級強權尤其想知道我們能否透過無量之網，以心智穿梭於遠方，進行所謂的**遙視**，也就是一種運用心靈能力的心電感應。實驗結果和近年來的賣座電影驚人相似，甚至可能是電影情節的腳本。這些實驗也使得現實與小說間已然模糊的界線更加曖昧不清。

一九七〇年代，美國正式展開調查，探究利用心智在無量之網中「漫遊」的可能性，藉此窺探遠方和目標敵人。美國中央情報局建置了早期的實驗，利用心靈特別敏感的人，如精神共感者（empaths，不需語言或視覺線索即能感應到他人經驗的個體），讓他們將心智專注於機密地區。❸ 共感者成功後又接受進一步訓練，以便能更詳細描述發現的事物。這個縮寫為

SCANATE的「座標掃瞄」（scan for coordinate）計畫，日後成為史丹佛研究院著名遙視研究的前身之一。

儘管就某些方面而言，遙視似乎有些「遙不可及」，其實卻有可靠的量子原理為基礎，本書已經探討過其中部分原理。一般而言，遙視之所以能成功，要歸功於量子物理學的概念，也就是看似堅固且彼此分離的事物，其實是以某種宇宙能量場的形式存在，且互相連結。比方說，我們手中握的美麗貝殼，從量子觀點看來，它的能量其實無所不在。貝殼不僅只存在於手掌這個侷限的區域，因此可說它是「非定域的」。

愈來愈多科學家接受了宇宙、星球乃至人體為非定域性物體的實驗證據，也就是說，我們無時無刻無所不在。如第四章中的羅素．塔格所言，儘管我們的實體可能彼此分離，卻能進行瞬間溝通，這就是遙視的精神。

實際上，參與座標掃瞄計畫的遙視者，還學會如何擁有清醒的、「神智清晰」的夢境。在遙視狀態中，他們讓意識自由專注於特定區域，這些區域可以是同一棟樓的另一個房間或地球的另一端。塔格解釋宇宙在量子領域的連結性時說：「描述發生在蘇聯偏遠地區的事件，並不會比描述對街的狀況困難。」[4]遙視者接受長達三年的訓練指示後，才展開機密任務。

美國軍方遙視計畫細節直到最近才解密公諸於世，其中描述了至少兩種訓練法。第一種稱為座標遙視，由遙視者描述在以經緯度標示的特定地理座標中，所發現的事物；其次是以一連串的放鬆與冥想技巧為基礎的延展式遙視。

儘管遙視過程方法不同且細節各異，但一般而言，遙視者會先進入溫和的放鬆狀態，因為他們在這個狀態中更加開放，更能接收對遠方的感官印象。過程中，通常有另一人擔任引導角色，協助敦促遙視者去觀看特定的細節。遙視者透過一系列規則，來辨別哪些印象在特定「任務」中屬於重要資訊，並詳盡描述觀看到的細節。引導者的督促似乎使這種受控制的遙視型態，有別於在睡夢中自然發生的清晰夢境。

遙視而來的資訊，對機密產生重大影響，也為情報收集展開新時代，減少特勤人員的風險，但只維持到一九九〇年代中期，因為計畫遭到終結。這些遙視任務擁有令人好奇的代號，譬如星門計畫（Project Stargate），而最後一項計畫在一九九五年「正式」結束。儘管遙視計畫被視為「邊緣」科學，甚至不被軍方的懷疑論者承認，但有多起遙視任務獲得證實，其成功並無法歸因於巧合，其中某些甚至可能挽救過人命。

一九九一年波斯灣戰爭期間，遙視者接受指示，在伊拉克西部沙漠中尋找敵人隱藏飛彈的地點。❺ 遙視計畫成功找到特定的飛彈所在地，排除掉其他地點的可能性。這種心靈搜尋法的益處顯而易見，因為縮減可能隱藏武器的地點數量，節省了時間、燃料和金錢，更重要的是減少部隊犧牲生命。遙距搜尋致命武器的能力，對於傳統上必須在地面進行搜索任務的士兵而言，降低了許多風險。

我選擇在此提出這些計畫和技術，是因為它們成功證實我們對無量之網的兩項認知。首先，它們再度顯示無量之網的存在。要使我們的某部分能在人不離開座位的狀態下旅行到遠方，看見完全真實的事物，必然存在某種使意識得以穿越的物質。我要表述的重點是，不論目標何在，遙視者都看得見。其次，引導遙視得以成功的能量本質，顯示全像式連結似乎是人類本身的一部分。在無量之網存在的證據下，那些關於我們是誰，如何在時間—空間中運作的舊觀念逐漸瓦解。

反映真實狀態的語言

西方科學才剛開始了解在一切相連的前提下，我們與時間和空間的關係，但原住民早已明白其間的關聯。譬如，語言學家班傑明．李．沃爾夫（Benjamin Lee Whorf）在探索霍比族語言時發現，他們的用詞直接反映其宇宙觀，對人類的看法與我們對自己的典型看法也非常不同，他們認為世界是個單一整體，一切萬物都在源頭相連。

沃爾夫在其創新的《語言、思想與真實狀態》（*Language, Thought, and Reality*）一書中，如此概述霍比族的世界觀：「在霍比族的觀念裏，時間消失了，空間也改變了，牛頓的古典理論或我們直覺所認知的那個同質、即時的永恆空間，也不復存在。」❻換言之，霍比族對時間、空間、距離和真實狀態的看法，就是不同於我們。在他們的眼底，我們生活在一個萬物互相連結，而且「此刻」正在發生中的活躍世界裏。他們的語言反映出這個觀點。

比方說，我們望向海洋，看見一道波浪時，可能會說：「看那道波浪。」但我們知道那道波浪並不獨立存在，而是因為其他波浪才存在。「若非透過語言的投射，沒有人能看見單一波浪。」沃爾夫說。❼我們看見是「變化無窮、波浪起伏的運動狀態的表面。」然而，在霍比語言中，陳述者會說海洋正在「起浪」，藉以描述海水當下的運動。沃爾夫進一步說明：「霍比人會說**瓦拉瓦拉塔**，意思是『多重起浪動作發生中』，同時也能和我們一樣，專注於起浪運動中的某一處。」❽雖然對我們而言有些奇怪，但他們的確更能精準描述世界的模樣。

同樣的，傳統的霍比信仰對時間也另有觀點。沃爾夫在研究中發現，「已具體實現的一切，是由現存或所有感官及歷史上的物質宇宙所能運用的一切組成……現在與過去毫無區別，但摒除了我們稱為未來的一切。」❾也就是說，霍比族只用同樣的語詞描述「現況」或已發生的事物。從前面對量子可能性的討論看來，這種時間和語言觀點完全合情合理，因為霍比人描述的是選擇後的可能性，對未來則保持開放狀態。

從霍比語言隱含的意義，到遙視案例的實證在內等諸多證據，一再顯示我們與空間和時間的關係，顯然不僅止於過去傳統所知而已。新物理學的精髓揭示了時空是不可分割的。因此，重新思考在無量之網中距離對我們的意義時，毫無疑問也必須重新考量自己與時間的關係。這正是最有趣之處。

彼時即此刻

除了要在球隊活動仍未結束前，把孩子送達足球場練習，或者確保自己能準時到達機場趕搭飛機之外，時間究竟**是**何物？構成日子的分分秒秒，真如本章引言中惠勒所說的，是唯一使一切不至於亂撞成團的機制嗎？假使無人知道時間的存在，它是否依然存在？

或許，進一步的問題應該是：發生在時間中的事物是否已經「固定不變」？還是宇宙中的事件已銘記在時間之流中，且逐步上演成我們的生活？又或者時間其實是可形塑的？若是如此，那麼在其中發生的事件依然可變嗎？

傳統想法認為時間只能單向行進，也就是往前去，發生過的事物，已經蝕鏤在時空的脈絡中。然而，實驗證據卻指出，我們對於過去與現在的概念，或許不夠條理清晰。因為時間不僅如愛因斯坦所說，能雙向移動，而且今天的選擇似乎可以改變昨天發生的事情。一場於一九八三年進行的實驗，就是為了證實這個可能性。實驗結果和我們對於時間的認知完全相反，其後隱含的意義更是令人訝異。

為了進行研究，物理學家惠勒將著名的雙狹縫實驗加以變化，用來測試現在對過去的影響。在此我先對第二章介紹的原始實驗簡述如下。

朝目標發射一顆量子粒子（光子），此目標能偵測光子抵達的狀態是物質粒子或能量波。不過，抵達目標前它必須穿越有狹縫的擋板。神奇之處在於，光子似乎「知道」擋板有一道還是兩道狹縫。

當擋板只有一道狹縫，粒子旅行和抵達目的地的狀態就如啟程時一樣，仍是粒子。但是擋板若有兩道狹縫，啟程時雖是粒子，卻在穿越擋板時以能量波的方式同時穿越兩道狹縫，最後以波的形式抵達目的地。

實驗結果：由於執行實驗的科學家是唯一知道擋板上狹縫數的人，因此他們的知識以某種形式影響了光子的行為。

惠勒實驗的變化版中，有一關鍵差異，用來測試他對過去與現在的概念。他把實驗改成光子只在通過擋板**後**、抵達目的地**前**被觀察。換言之，光子**已經在前往目標的路上**時，實驗者才決定要如何觀看它。

他設計了兩種方式以得知光子已抵達終點。一是利用鏡頭在視覺上當作它是粒子來「觀看」，另一個方式是利用屏幕，當成波來進行感應。這個作法很重要，因為過去的實驗顯示光子會依據受觀察的方式，遵循對方預期的方式表現，也就是說，假使以粒子方式測量光子，它們就會變成粒子，若以波的形式測量，則會變成波。

因此，在這個實驗裏，假使觀察者決定以粒子看待光子，鏡頭將會就位，而光子只穿越一道狹縫；如果是決定以波的形式進行，目標屏幕則維持在定位，光子將以波的形式同時穿越兩道狹縫。實驗關鍵就在於：觀察者是在實驗展開**後**（即當下）才做出決定，而這會決定粒子在實驗展開時的行為表現（即過去）。惠勒將此測試命名為「延遲選擇實驗」（delayed-choice experiment）。

根據實驗所示，**我們**這世界（物質層次）所知道的時間，似乎對**量子**領域（能量層次）毫無影響。惠勒認為，後來的選擇若能決定發生於過去的事件，他就能「選擇在事件發生後才知道事物的屬性。」[10] 他話中的含意為我們與時間的關係開啟更多可能性。惠勒的說法透露，今日的選擇，其實能直接影響過去已發生的事物。假使真是如此，所有一切即將改觀！

是真的嗎？我們現在做的決定，可以影響甚或決定已發生的事物？許多偉大聖人曾經說過，人有能力超越最深刻的痛苦，那麼這能力可擴張到改寫使痛苦發生的過去事件嗎？一想及此問題，我不禁想起電影《回到未來》（*Back to the Future*）中，主角馬蒂．麥夫來（Marty McFly，由米高．福克斯〔Michael Fox〕飾演）有機會改寫過去後，所導致的混亂情況。但假使我們能從上個世紀的戰爭，或才剛經歷的離婚痛苦中學到經驗，並在今日做出防止事情發生的決定，想像會產生怎樣的可能性。若可能的話，這就相當於擁有**量子橡皮擦**，允許我們改變為人類帶來痛苦的事件的發展方向。

而這裏所提出的問題，正好是雙狹縫實驗的另一變化版本。有趣的是，實驗名稱真的叫做「量子橡皮擦」實驗。聽起來很複雜，解釋起來其實很簡單，其含意更具粉碎典型思考模式的威力。基本上，這個實驗顯示粒子在實驗**開始**時的行為，似乎完全取決於實驗結束後才發生的事件。[11] 換言之，現在具有改變已經發生的過去的力量，亦即所謂的「量子擦除效應」（quantum-eraser effect）：發生在後的事實，可以改變（「擦除」）在更早時間點當中粒子的行為方式。

此處要問的是：效應只適用於量子粒子，或者也適用於我們？

雖然我們是由粒子組成，或許是意識將我們鎖定在各種被視為是真實狀態的感知事件之中，包括戰爭、折磨、離婚、貧窮和疾病。或許，事情不僅如此，我們可能**已經**藉由學習錯誤，改變了過去，而且一直這麼做。或許，我們現在的選擇往回影響到過去的事件，已是一種常態現象，以致於我們對此毫無察覺，也不曾加以思考。

或許今日所見的世界，即使有時看起來艱難無比，卻是我們已學到的成果，被往回反射到現在的結果。這一點值得再深入思考。不過目前而言，研究結果似乎支持這種假說。想想，我們的世界若果像個宇宙回饋循環，而目前的學習正在改變過去，這具有什麼樣的意義！至少，這暗示了今日的世界，是學習後的成果。若沒有這些教訓，情況可能會更糟，不是嗎？

不論是否真能影響過去，我們此刻的選擇毫無疑問將決定現在與未來。而過去、現在與未來，三者正共存於無量之網這個容器中。身為網的一部分，我們當然能夠藉由對自己的生命有意義且有用的方式與之溝通。根據科學實驗的成果，以及珍貴的古老傳承思想所述，我們確實具有此能力。前面章節中各種研究的共通點，具有兩層含意：

1. 我們是無量之網的一部分。
2. 人類情緒（信念、期待、感覺）是與無量之網溝通的語言。

有趣的是，雖然可能是巧合，但有些經驗在基督教《聖經》中遭到刪除，並受到西方文化的防堵。不過，今天一切正在改變中，我們鼓勵男性要尊重自己的情緒，女性則開始探索新的方法，以展現本來就存在於本質中的力量。情緒、感覺和信念顯然是無量之網的語言，情緒中有某種特性，使我們能以強烈的、療癒的與自然的方式，來體驗與宇宙相連的能量場。

此刻的問題是：「假使我們正在與無量之網說話，如何能知道它已給予回應？」假使我們的感覺、情緒、信念和祈禱正為宇宙的量子物質提供建構藍圖，那麼我們的身體、生命和人際關係，如何反應我們與無量之網的對話？若要回答這些問題，必須先了解與宇宙對話的第二部，也就是該如何閱讀來自無量之網的訊息。

【原註】

❶ The Expanded Quotable Einstein, p.75.

❷ Yitta Halberstam and Judith Leventhal, *Small Miracles: Extraordinary Coincidences From Everyday Life* (Avon, MA: Adams Media Corporation, 1997).

❸ Jim Schnabel, *Remote Viewers: The Secret History of American's Psychic Spies* (New York: Batam Doubleday Dell, 1997): pp. 12-13.

❹ Russell Targ, from *Suspect Zero* DVD.

❺ Jim Schnabel, *Remote Viewers*, p. 380.

❻ Benjamin Lee *Whorf, Language, Thought, and Reality*, John B. Carroll, ed. (Cambridge, MA: MIT Press, 1964): pp. 58-59.

❼ 出處同上，第262頁。

❽ 出處同上。

❾ 出處同上，第59頁。

❿ "Mathematical Foundations of Quantum Theory: Proceedings of the New Orleans Conference on the Mathematical Foundations of Quantum Theory," *Quantum Theory and Measurement*, J. A. Wheeler and W. H. Zurek, eds. (Princeton, NJ: Princeton University Press, 1983): pp. 182-213.

⓫ Yoo-Ho Kim, R. Yu, S.p. Kulik, Y.H. Shih, and Marlan O. Scully, "Delayed 'Choice' Quantum Eraser," *Physical Review Letters*, vol. 84, no. 1 (2000): pp. 1-5.

第3部

無量之網的訊息：在量子意識中生活、愛與療癒

第六章

宇宙正在對我們說話：來自無量之網的訊息

◉但莫憎愛，
洞然明白。
毫釐有差，
天地懸隔。

——西元六世紀哲學家，僧璨大師（Seng-ts'an）

◉我們既是鏡子，
也是鏡中的那張臉。

——十三世紀詩人，魯米

前面章節已說明，透過感覺及信念與無量之網對話時，無量之網如何藉由生命中的事件回應我們。在對話中，我們最深層的信念成為生活中一切體驗的藍圖。我們與世界的對話持續不斷，且永無止盡，不論是世界和平、身體治療、人際與愛情關係，乃至對事業的追求皆然。既然對話永不停止，我們就絕不可能站在生命的邊緣，永遠當個被動的觀察者。只要有意識，自然會不停創造著。

這場對話有時候很微妙，有時則不然。但是不論隱微與否，只要生活在反思式的宇宙中，就意味世界呈現出來的不管是挑戰或喜悅，都是無量之網對我們最深刻與真實信念的反映，分毫不差。而這包括了我們的親密關係。然而，儘管一切如實反映，但有時候在他人身上看見的自己，卻可能是令人最難以接受的面向，不過這些又可能是通往深層療癒最快速的途徑。

反映真實狀態

我一九九八年在西藏的經驗，為量子「對話」的運作方式提供了強有力的隱喻。在進入首府拉薩的路上，旅行團的車順著岩壁下方的蜿蜒車道，朝一座小湖開去。四周寂靜無風，水面完美照映出四周的一切。

我從高處看見水面上倒映著一座雕刻精美的巨大佛像，但那當下未能看見雕像本身，只能見到它的倒影。直到車子轉個彎，來到筆直的路上後，才親眼看見我認為應該是形成倒影的實體的來源。就在高聳峭壁上，一座佛陀雕像矗立於湖岸，從石牆上活生生蹦凸出來，默然注視著過往路人。

西藏拉薩附近，雕刻於岩壁的佛陀雕像的倒影。日常世界應也是種倒影，映照出一個無法從我們現處位置看見的宇宙真實狀態。

在那一刻，湖面的影像成為視覺世界的隱喻。看見水中佛陀時，倒影是告知雕像存在的唯一線索。雖然我曾猜測倒影映照的是某種實體，但是以我的角度，根本無法看見物體本身。相同的，據說日常生活世界也是倒影，映照的是深刻在宇宙深處的真實狀態，一個我們無法從現處位置看見的真實狀態。

古老智慧和現代科學皆認為我們可見之「生命」中的各種關係，是發生在另一領域事物的倒影，但從我們在宇宙中的位置無法看見那個世界。一如我十分**確知**水中的影像反映出某種真正實體，同樣地，生命也正在知會我們關於另一個存在層次中發生的事件。雖然這些事件看不見，並不表示不確實存在。古老智慧認為那個看不見的世界，比這個視覺的世界**更**真實！如本書引言中波恩所述，從我們所處的時空位置，無法看見這個「深層的真實相狀」。

儘管無法直接看見這個無形的領域，但那裏發生什麼事卻有跡可尋，因為從日常生活中可見它的倒影。由此角度看來，我們的日常經驗就是來自深層真實相狀的訊息，是來自無量之網的溝通訊息。就如要了解一種語言，必先認識其字詞一樣，我們必須熟悉無量之網的語言，才能了解它所傳遞的訊息。

有時候，我們獲得的訊息非常直接，不可能誤解，有時訊息又非常模糊，容易忽略錯過。更常發生的是，我們以為訊息表達的是某件事，而事實上說的卻是截然不同的另一回事。

表象不等於真實狀態

那瞬間突然一陣風襲來，我的眼睛感到一陣灼熱。我狐疑地看著那個地區。一切看起來完全正常。

「我什麼也看不見。」我說。

「你感覺到了。」他回答「……」

「什麼東西？那陣風嗎？」

「不只是風，」他堅定地說，「對你來說可能像風一樣，因為你只認得風。」❶

在這段對話中，亞基族（Yaqui）印第安巫士唐望（Don Juan）正在教導門生卡羅斯．卡斯塔尼達（Carlos Castenada）關於無形世界細微的真實狀態。在《巫士唐望的世界》（*Journey to Ixtlan*）一書中，人類學家卡斯塔尼達記錄了古老的薩滿之道，他很快學到一件事：不能再如過去受到制約時那樣，一味信任負責過濾事物的感官。他發現世界在有形與無形的諸多層次上，都非常鮮活生動。

譬如，卡斯塔尼達過去的教育告訴他，身邊的草叢晃動，而臉頰上也感到一陣冷空氣輕拂而過，那就是風在吹動。但在上述的案例中，卡斯塔尼達的老師提醒他，那只是感覺像風，因為他只認得風。在真實狀態中，它可能是風，但風輕拂臉頰、吹過髮際的感覺，也可能是某種靈的能量在宣告其存在。因此，卡斯塔尼達很快發現這類經驗再也無法歸類為「單純只是風」而已。

我們透過感覺過濾事物，盡可能將愛情、友誼、財務和健康融入過去經驗所建立的框架之中。雖然如此分野或許管用，但究竟有多適合我們？我們在生命中，有多少次是透過從他人身上所學得的事物，來回應生命，而不是以自己過去的經驗做為反應基礎？又有多少次，我們阻礙自己擁有更富足的生活、更深刻的關係、更有意義的工作，只因為那些出現在生命旅途上的機會，與過去的經驗太相似，使我們迫不及待閃避它？

協調一致

在無量之網的脈絡中，我們是每一片草葉、是每條溪和河流中的每顆石塊。我們存在於每一滴雨中，清晨走出家門時，也存在於輕拂臉頰的涼風之中。

假使我們與世間一切的關係如此深刻，理應在生命中的每一天看見這份連結的證據。或許我們**的確**看見了確切的證據，甚至可能每天都見著了，只不過我們不認得或者未曾察覺。

處於人群、地方和圍繞我們的事物中愈久，愈能感到自在。對多數人而言，走進自家的客廳，肯定比進入飯店的「客廳」更為自在。雖然飯店可能較為新穎，有最時髦的紡織品、地毯和內部裝潢，卻沒有「家」的感覺。如此經歷事物時所產生的舒適自在感，是來自一股能精密對焦的微妙能量，這股能量使我們得以與世界保持平衡，稱之為平衡**共鳴**。

某種程度而言，我們和所有事物都處於共鳴狀態，包括車子、房子，甚至日常使用的各式家電，這也是為何我們的存在能影響周遭的人、物和世界。因此當我們內在或周遭事物發生變化時，改變自然也會出現在生活中。事實也確實如此。

有時候變化是不知不覺發生。譬如，我有一輛里程數已超過四十八萬二千八百公里的美製老爺車，一九九五年賣掉它時，仍擁有原廠引擎。我一直盡力照顧這位外觀如新車的可靠老友，因為它帶著我平安穿越科羅拉多的山區，一路來到加州的那帕，又回到西墨西哥州的北部高原沙漠。

我開車的時候，車子總是順利發動和運轉，可是只要把車借給別人，肯定會「出搥」。手感不同的人坐上駕駛座時，引擎要不出現怪聲音，就是儀表板上警示燈亮起，或者根本就發不動。當然，換我坐回駕駛座，把車開到修車廠時，問題卻又神奇消失，「自行痊癒」。

儘管技師告訴我「這種事經常發生」，但我相信經過幾次的假警報之後，他看見我開著那輛有四十八萬公里行程的龐帝克進修車廠時，心中也會有疑竇。雖然我無法提供科學證據，但跟許多人聊過此事後，我明白那經驗並不罕見。熟悉我們以及我們熟悉的事物，在我們的身邊似乎運作得較好。不過有時候，我們與世界的共鳴比這明顯許多，傳達的訊息也不容易錯過，一如下面的案例。

一九九〇年春天，我辭掉丹佛市的國防工業工作，暫時居住在舊金山。白天我開發研討會的課程，並撰寫著第一本書，晚上則是個諮商師，協助人認識生命中情緒的力量，和情緒在人際關係中扮演的角色。其中有位個案描述了一段關係，完美示範了我們與世界的共鳴關係是多麼深層而實在。

她將自己與生命中這個長期相處的男人的關係，形容為「永無止盡的約會」。過去十餘年來，他們維持著看似絕望的關係。每回論及婚姻，總是在吵鬧中結束。但分開後兩人都過得不好，而且也仍想與對方分享彼此的生命。有一晚，個案描述了一個共鳴的經驗，清晰而深刻地顯示這種連結確實存在於世間。

「談談這星期的生活，家裏發生哪些事情？」我問她。

「你不會相信發生了什麼事，真是光怪陸離的一週！我和男友坐在沙發上看電視時，浴室竟傳來巨大的爆破聲，我們趕緊去看發生什麼事。你永遠猜不到我們看見了什麼。」

「我無法猜測或想像，不過現在妳**真的**引起了我的興趣。發生了什麼事？」

「水槽底下的熱水管爆炸了，衝破水槽下面櫃子的門，噴到前面牆上。」她說。

「哇！這輩子沒聽過這種事。」我大叫了一聲。

「還不只這樣！去車庫開車時，地板也全是熱水，因為熱水器也爆炸了。接著，我們倒車到車道上時，車子的散熱氣管也炸掉，搞得車道上到處流著熱騰騰的防凍劑！」

我聽著她的描述，立即察覺其中的模式。「那天家裏發生什麼事？」我問道，「妳怎麼描述你們的關係？」

「很簡單，屋子感覺像個**壓力鍋**。」她脫口說出。突然間，她安靜下來，看著我。「你該不會認為我們之間的緊張關係跟這些事情有關係吧？」

我回答：「在我的世界裏，這**就是**為何會發生那些事情的原因。我們向世界求助，世界則以物質能量方式展現出我們的情緒經驗。展現方式有時很微妙，難以捉摸。但就妳的案例而言，妳的房子實實在在反映出妳與男友之間的緊張關係，而且透過幾千年來表達情緒最精粹的物質，也就是水為媒介。妳從能量場中接收到一個清晰、美麗又有力的訊息。那麼，接下來妳打算怎麼做？」

關鍵17：無量之網是一面鏡子，反映我們以信念創造的關係世界。

不論我們是否認得自己與周遭真實狀態間的共鳴關係，關係確實存在於無量之網中。如有智慧了解透過周遭環境傳遞而來的訊息，我們與世界的關係就能成為一個有力的導師。有時甚至能救人一命！

警訊

在我母親的生命中，除了兩個兒子外，最好的朋友是一隻十二磅重、活力十足的邊境㹴犬，名叫柯莉蘇（簡稱柯莉）。我因為研討會和巡迴演講在外旅行時，至少一星期打一次電話給母親，了解她的生活狀況，也讓她知道我的情況。

二〇〇〇年的《解讀末世預言》（The Isaiah Effect）巡迴簽書之旅展開前，我在某個星期天下午打電話回家，媽媽告訴我她很擔心柯莉的狀況。柯莉的行為表現很奇怪，進食也不正常，因此母親帶她給獸醫檢查是否身體出問題。檢查時所拍的許多X光片中，出現出人意料的東西。不知為何，片子上顯示柯莉的肺部有許多不該存在的小白點。「我從未在狗身上見到這種狀況。」獸醫困惑地說。他們決定做進一步檢驗，了解柯莉身上的白點究竟為何。

媽媽顯然很擔心她的狗，但是我聽著她的故事，卻開始擔心另一件事。我告訴她關於共鳴的原理，以及我們如何向世界、汽車、家庭，甚至是寵物求救的種種。也提出幾個動物案例，紀錄中，有些動物在主人發現自己的身體有異狀之前幾週，乃至幾個月前，先發展出相同的病徵。我覺得柯莉和母親之間便有這種類似狀況。

經過一番關於生命中充滿訊息的遊說之後，母親同意隔週去體檢。雖然她完全沒有任何不適，外觀看起來也沒有做檢查的必要，還是同意去找醫生安排照胸部X光。

你應該猜到故事的結果，以及我為何要在此分享的原因。母親訝然發現X光顯示她的胸部有可疑斑點，而不到一年前的年度健康檢查中還不存在。經過深入檢查後發現，母親右肺部有些因小時候的疾病而留下的結締組織，現在已變成癌細胞。三星期後，她進行了手術，完全切除右肺下方三分之一。

手術後我與醫生在恢復室談話，他不斷說母親非常「幸運」，因為很早就發現了腫瘤，尤其是並無任何病徵能作為警訊。手術之前，她還覺得一切良好，和柯莉及兒子們生活愉快，享受美麗的花園，全然不知身體狀況可能不妙。

這個例子告訴我們可以如何運用生命中的鏡子。由於母親和我已學會閱讀生命中的訊息所呈現的當下情況，也對此語言有足夠的信任，能將之運用於實際情況，所以這個故事有個快樂的結局。母親在手術後已恢復健康。我撰寫本書時，她的情況依然良好，已經六年沒有癌症跡象。

有趣的是，原先出現在柯莉肺部使我們產生警覺進而檢查母親身體健康的斑點，在母親手術之後也完全消失。她和母親又共度了健康的六年，在彼此的生命與日常生活中分享各種喜悅。

（註：柯莉蘇在本書進行編輯之際，因為年老產生併發症而離開了這個世界。那時她再半年就十五歲，就她的品種而言，已是近乎人類百歲的年紀。在出現斑點及母親的手術之後，她一直很健康，並為每個與她接觸的人帶來生命的火花。母親常說：「對柯莉蘇來說，沒有誰是陌生人。」她熱愛每個人，常以溫柔的濕鼻吻來表達她的愛，所有認識她的人都想念她的吻。）

我們或許無法以科學證明柯莉的問題與母親的狀況有任何關連，但兩個經歷間的同時性卻不容忽視。由於這並非單一事件，因此只要看見此種同時性，就可以說彼此具有相關性。雖然我們現在仍無法完全了解這種連結，不過就算再繼續研究五十年，也無法完全認識。我們**能**做的是，將所知運用到生命中。如此一來，日常生活的事件就能變成一種豐富的語言，為我們最私密的祕密提供洞見。

在以生命本身反映人類最深層信念的世界中，沒有什麼能成為真正的祕密。到最後，生命旅途上出其不意的轉彎為什麼會出現，可能不再重要，關鍵只在於，我們是否認得「轉彎即將出現」的警告語言。

最深的恐懼

由於無量之網不斷透過生活中的事件反映出我們的信念、感覺和情緒，所以日常生活能為隱藏在自我深處的領域提供洞見。個人鏡子所顯示的，是我們最真實的信念、愛與恐懼。世界是一面強有力的鏡子，一面不容易坦然以對的鏡子。生命給了一扇能直接進入信念終極真實狀態的窗，全然誠實無偽，只是有時從中看到的卻是完全出乎意料的影像。

我記得那是一九八九年某天晚上，在丹佛市郊一家超市發生的事件。那天我下班回家，一如往常到超市買晚餐食材。我在專賣罐頭食品的走道逛著，目光離開購物清單時，注意到走道上除了我之外，還有一位年輕母親推著購物車，上面坐著一個小女孩。她們顯然很匆忙，而且看起來和我一樣，不情願在漫長的一天結束時，還得來超市購物。

我的注意力回到比對購物清單和架上一排排的罐頭名稱時，突然被小女孩的尖叫嚇了一大跳。這可不是一般的尖叫，她的音量和強度可媲美美國爵士名伶艾拉・費茲潔拉（Ella Fitzgerald）在廣告中「這是現場演唱還是麥莫雷斯的錄音效果？」的強度。[1]小女孩被單獨留在購物車中，把她給嚇壞了，使她處在全然驚嚇的狀態。母親幾秒鐘內就回來安撫女兒，小女孩立即停止尖叫，大家的生活也恢復正常。

雖然隨處可見如此景象，對我而言那晚的狀況卻不平常。不知為何，我對如此常見的事件竟無法釋懷，於是認真觀察究竟發生了什麼事。我開始搜尋走道，最後發現事情只不過是母親暫時離開購物車，讓她兩、三歲大的女兒獨處片刻。小女孩只是獨自一人，就這樣而已。她為何那麼害怕？母親不過暫時離開視線，轉個彎走到隔壁走道罷了。為何一個小孩，周圍環繞著色彩繽紛的罐頭和標籤，在沒有人會阻止她任意探索的時刻，卻被嚇壞了？為何她無法告訴自己：**嘿，現在只有我一個人和這些有漂亮紅白標籤的罐頭湯在一起。我來一排排探索，一罐罐檢查，好好玩一玩！**諸如此類的話。為何被單獨一人留下的想法，而且只是片刻，竟在她如此幼小的年紀，觸動內在的本能，教她使盡吃奶的力氣驚聲尖叫？

另一個晚上，我有個諮商會談，個案是位三十多歲的婦女，我們已進行過多次諮商。這天的會談一如往常展開。個案在柳條椅上放鬆下來後，我請她描述自上次會談後這一週所發生的事情。她開始敘述與結婚近十八年的丈夫的關係。他們在婚姻關係中一直爭吵不休，有時還暴力相向。她似乎是受害者，不論是她的穿著、理家的方式或料理，天天遭受批評，即使是性生活她也覺得自己永遠不夠好。

雖然她所描述的種種，對他們夫妻關係來說並非新鮮事，但過去這一週，情況更加嚴重。當她質問丈夫在辦公室「加班」和晚歸的問題時，他對她大發雷霆。這個她所深愛與信任的男人使她的生活悲慘無比。而如今，由於丈夫失控的情緒而造成的生理傷害已成為真實的威脅，更加深了她的慘況。

最後一次爭執時，丈夫盛怒中把她推倒在地，隨即離家去找朋友。他沒留下電話、地址，也沒交代何時回家——就這麼消失無蹤。這個使她長期受折磨、用強烈的情緒爆發威脅她的安全、對她施虐的男人，終於離開了。

她描述丈夫離去的同時，我則等待著某種解脫的徵兆。然而，取而代之的情況卻令我驚訝。婦人察覺到丈夫已經離開她的生命，竟然失控哭了起來。我請她描述當時的感覺，得到的回應並非我預期中那種問題解決或解脫了的感覺，她反而說自己因為孤獨和渴望而感到非常痛苦，描述丈夫不在對她是一種「破滅」和「全然絕望」。現在她終於有機會在沒有批評、侮辱和虐待中生活，卻反而感到痛苦。為什麼？

我所描述的兩個情況，「為什麼」的答案是一樣的。儘管情況不同，卻有個共通的主題。小女孩在超市走道所經歷的恐懼，和婦女在虐待成性的丈夫離開後所感受的絕望，很可能都與當下離開她們的人無關。小女孩的母親和婦人的丈夫只是一種觸媒，引發了人心深處那幾乎無法識別，難以捉摸又非常強烈的模式，一種完全被遺忘的模式。

那就是恐懼。

恐懼在我們的文化中有許多面貌。儘管在我們建立友誼、事業、愛情和健康的身體等種種活動中，恐懼扮演了關鍵角色，卻幾乎以我們無法察覺的模式出現在日常生活中。有趣的是，這個模式或許根本不屬於我們。

一旦發現自己強烈的負面情緒浮現到生活表面，可以確定的是，不論我們**認為**造成恐懼的原因為何，經驗的背後很可能存在著某種截然不同的因素，一種深刻而原始因素，此元素以不可誤解的形式和我們生命旅程交錯之前，很容易遭人忽視。

人類共通的恐懼

你若正在閱讀本書，很可能已經檢視過生命中的種種關係，在探索之中，肯定獲得許多珍貴的洞見，了解人們為何會觸動某些情緒。事實上，你或許對自己有很深的認識，所以當我問到關於你的生命和過去的問題時，你說得出正確答案，並在任何治療性的問答中，得到正確的結論。然而，就在可接受的完美答案中，你可能錯失那一個自你來到世間，始終滲透著你生命的最深刻模式。正是因為如此，所以我會邀請所有參與研習會的人，填寫一份事前印好的問卷，找出自己童年時的照顧者所具有的最深刻的「負面」模式。

我尋找的是負面模式，因為人很少受困於生命中正面的快樂模式。幾乎每個使人困頓的情況中，都有某些所謂的負面感覺。這些情緒與自我經驗，以及經驗對我們生命具有的意義有關。雖然無法改變已經發生的**事實**，但卻能因而了解感覺**為何**產生，並改變生命歷史對我們的意義。

寫完問卷後，我會請參與者隨機喊出他們所寫下的關於照顧者的負面品質。對許多人而言，照顧者可能是親生父母，有些則是養父母，也有哥哥姊姊、其他親戚或家庭友人。不論照顧者是誰，主要是指在形成人格期間，也就是青春期前的照顧者。

大家開始接連喊出自己表中寫的負面品質讓我寫在白板上時，教室裏害羞的氣氛逐漸消失，很快出現有趣的事情。當某人分享了描述自己記憶中的字眼，就會有人也提出相同的感覺，甚至使用一模一樣的字眼。每次活動下來，出現的形容詞近乎相同，包括：

憤怒	冷酷	缺席	苛求
批判	虐待	嫉妒	嚴格
控制欲	渺小	可怕	不誠實

教室的氣氛變得輕鬆，面對身邊參與的同伴開始笑了起來。不知道狀況的人，可能誤以為大家來自同一個家庭。字眼的相似度並不只是巧合而已。這麼多來自不同背景的人，怎會擁有如此相似的經驗？謎題的答案就在於深入人類集體意識中的模式，也可說是我們的核心或**共通**的恐懼。

共通的恐懼模式很可能以微妙而不好捉摸的方式呈現，可是回想起來卻又相當痛苦，因此我們總是巧妙加以偽裝，使它們變得可容忍。就好像某些痛苦的家庭記憶雖然始終存在，卻很少提出來討論，無意中我們也同意以社會可接受的方式，掩飾發生於過去的集體傷痛。我們成功隱匿了內在最大的恐懼，傷痛的緣由也遭到遺忘，只留下它們的表現方式，也就是將之付諸行動。

失去丈夫的婦人和超市裏的小女孩，可能不曾察覺自己為何有那種感覺，為何如此反應，我們亦是如此。由於我們偽裝了恐懼，因此永遠不需要談論生命中最深的傷痛。但它們始終殘留，未曾被解決，直到某事發生，才迫使我們直視其存在。一旦允許自己更深入這些強烈而真實的生命片刻後，將會發現恐懼雖看似截然不同，卻不脫三種基本模式（或其組合模式），包括分離與拋棄的恐懼、貶抑自我價值的恐懼及屈服與信任的恐懼。

我們將逐一探索它們。

第一種共通的恐懼：分離與拋棄

我們幾乎有個共通的感覺，那就是自己是孤單的。每個家庭成員心中皆存在一股不言而喻的感覺，覺得自己與那個負責帶我們到世間的某人或某物分離了。在朦朧的古老記憶中，感覺自己被帶到世間，卻沒有獲得一句解釋，就無由被拋下。

我們理所當然會感到孤單，不是嗎？如今科學已經能將人類送上月球，甚至轉譯基因密碼，卻仍不知道我們是誰，更不知道自己怎麼來到這裏。我們從內在感受到自己的靈性本質，並且想為這些感覺找到合理解釋。在文學、戲劇、音樂和文化中，我們把自己在地球和遙遠天界中的角色劃分開來。西方世界以描述人類與造物者關係的《聖經》中偉大禱詞的翻譯，也就是〈主禱文〉（*The Lord's Prayer*），來證明自己與造物者的分離。

譬如，最常見的西方翻譯往往以「在天上的父」來接受這個分離，可詮釋為我們在「這裏」，而上帝在遙遠的「他方」。但原始的阿拉姆文中，我們與天父有著與此截然不同的關係。同樣字句，阿拉姆文的翻譯如下：「光輝的祢：祢從我們之內、從我們之外發著光，當我們憶起時，連黑暗也發光。」❷ 這裏強調的是造物者並未與我們分離，也非遙不可及。反倒是天父的創造力（不論我們如何詮釋此力量），不僅存在於我們之內，那股力量**就是**我們，滲透在我們所知的世界的每個角落。

二〇〇四年發現的神之密碼（God Code），以及從生命DNA轉譯成古希伯來文及阿拉伯文字母得到的訊息，似乎都支持阿拉姆文的原始翻譯。探尋第一世紀神祕的《創造之書》（*Sepher Yetzirah*）留下的線索時，會發現DNA中的組成元素在書裡那些字母中各有其可對應的字母。經過轉譯之後，我們發現人體第一層的DNA似乎證實古代警語所說：偉大的智慧無所不在，包括人體在內。人類DNA經轉譯後寫出的文字是：「神／永恆存在於體內。」❸

生命中一旦出現恐懼，就算我們無法清楚意識到那是什麼，仍會產生情緒上的成見，一種經常被形容為「敵意」（charge）或「痛處」（hot button）的經驗。那經驗將以某事是「公正」或「謬誤」，或事情「理當如何」的強烈概念出現在生命中。敵意和痛處將會製造出某些關係，顯示我們有哪些恐懼需要獲得療癒。換言之，敵意呈現出我們的恐懼，敵意愈強烈，恐懼就愈深刻。這種對應很少出錯。

例如，分離或遺棄的恐懼若被你遺忘在潛意識中，它很可能會在最料想不到、最不湊巧的時刻出現在你的生命中。譬如在愛情、事業和友誼中，你覺得自己是「離去者」還是「被離棄者」？你是否總是最後一個知道某段關係已經結束了的人？美好的婚姻、工作和友誼是否毫無預警或無緣無故在你面前瓦解呢？當關係破碎和失敗時，你是否感到絕望？

又或許，你是站在另一邊。你是否總在愛情關係、事業和友誼一切順利時，就先行離開，免得受到傷害？你是否發現自己總是說：「這是完美的＿＿＿＿＿＿（填空）。我最好趁一切美好的時候趕快離開，以免發生令我受傷的事情。」假使這類情況曾經或正在發生，很可能就是你自己的精心創作，是一種為社會接受的掩飾法，以隱藏你對離棄和分離的恐懼。

在一段又一段的關係中重複同樣的模式，或許能把因恐懼而來的痛苦降低到可容忍的程度，甚至幫助你度過一生，代價卻是把痛苦變成一種轉移注意力的方式，用來躲避我們共通的恐懼，也就是你與造物者的整體性是分離的、被遺棄的，甚至遭到遺忘的恐懼。若總是在太親近的時候就離開或被離棄，你要如何才能找到內心渴望的愛、信任與親密關係？

第二種共通的恐懼：貶抑自我價值

世界上每個文化、社會中，幾乎瀰漫一種共通的感覺，那就是覺得自己不夠好。我們覺得自己對家庭、社會和工作場域的貢獻，不足以獲得表揚；覺得自己不值得因為身為人類而獲得尊重；有時候甚至還出人意料地認為，自己不值得活在人間。

我們或許不常意識到這類自我貶抑感，但它確實持續存在，而且成為我們面對生命與人際關係時的潛在基礎。作為情緒管理大師，我們經常在真實生活中，演出我們在想像中期許自己該有的價值。

例如，每個人皆有夢想、有抱負，希望完成生命中的偉大成就，可是卻往往用盡各種理由為自己無法達成目標尋找合理的藉口。從前面章節得知，情緒本身就是一種語言，是無量之網能夠給予回應的語言。一旦覺得自己似乎無法達成最大的夢想時，無量之網會單純地將我們釋放的情緒，以延遲、挑戰和阻礙回饋給我們。

雖然我們可能抱有更大的期許，但來自內心深處的質疑終究是源自於那個自己不值得的感覺。我們會懷疑：**我真的好到有資格在生命中擁有這等喜樂嗎**？既有如此想法，又怎能擁有此外其他不同的感受？在西方的基督教傳承中，我們所信任與尊敬的人會說，我們是種「劣等」存在，不如天堂的天使或聖人導師。這個傳承說服了許多人，他們相信基於自己某些無法理解的理由，只因為人類存在於這個世界，就需要從生命中獲得救贖。

透過耶穌於二千年前的故事，我們的人生被拿來與某人經編輯、濃縮、偏好後的人生記憶做比較，而那是個我們永遠無法成就的人生。有時候這種對比還帶有嚴重的警告意味，假使無法以某種方式生活，死後將會面對艱苦的折磨。偶爾他們若不那麼嚴苛時，就會提出充滿諷刺意味的問題，如「你認為你是耶穌基督嗎？」或「你要怎麼到達那裏？走在水面上嗎？」藉此提醒人們自己的不足。你聽過多少次批評暗示你就算盡全力過個好生活，仍然不如一位過去的大師？雖然我們很少對這類評論認真以待，內心深處，它們卻仍提醒我們，自己並無資格享受生命中的喜悅。

就算你非常有自信，某種程度上仍可能相信這些暗示。基本上，我們或多或少都相信。因此，我們透過對成就的期待、允許自己擁有多少喜悅，以及關係是否成功等方式，來表達這些信念。若總是害怕自己不值得擁有愛、認同、健康和長壽，那麼缺乏自我價值的恐懼將絕對反映在我們的人際關係上，而且以作夢也想不到的方式出現在生命中。

譬如，你有多少次接受了並非真正想要的關係，卻自我合理化地說：「現在這樣就夠好了」或「這只是騎驢找馬」？你是否曾經說過：「我很想和一位忠實的、慈悲的、有教養的、關愛他人的另一半分享生命，可是……」或者：「這不是能讓我發揮才能的工作，可是……」然後給各種理由，解釋為何心中最大的夢想此刻仍無法實現？

假使此類情況曾經出現在你的生命中，很可能是你用來質疑自我價值所創造出的精美面具。你透過個人和專業關係，來提醒你對自己的核心信念，而此核心信念需要更深入的療癒。

第三種共通的恐懼：屈服與信任

你是否經歷過某段關係，由於完全信任，使你願意屈服而交出自我，藉以換取認識另一個更棒的人的機會？在此我要解釋清楚，這並不是建議你在任何情況下放棄自我或個人的力量。相反地，我所說的經驗是指你對自己是誰相當清楚，甚至能夠放下關於你是誰、是什麼的信念，以便換得自己可能成為的那個更棒的人。

但幾乎人人都感覺這樣做並不安全，認為信任別人、信任身體的智慧或世界的和平是不安全的事。我們又有何理由不這麼想呢？只要看看夜間新聞，就能找到足夠理由來合理化這些感覺。每天有各式案例說明我們生活在恐怖危險世界的感覺，不僅合理而且始終存在。從世界上各種恐怖、謀殺、暗殺等事件，到個人私領域的信任遭背叛和洩密，以及每天被警告的諸多健康問題等各種事件看來，這個我們稱之為「家」的星球，看起來真的是個可怕的地方。

因此，要在世間感到安全，安全感必須源自內心深處。而要能體會到此安全感，就必須信任，問自己對於存在於所有情況和生命中的宇宙智慧是否有信心。假使答案是沒有，那麼就得自問**為什麼？**是誰或是什麼經驗告訴我們這世界不安全，我們不該信任？

譬如，你是否相信生命的過程？當你發現世界投了個變化球給你、給你心愛的人或寵物時，你是否立即怨天尤人，才能感覺受到保護？子女早上出門上學時，你是否立刻擔心起他們的安全？或者你知道下午三點半校車送孩子回家，你滿心歡喜迎接之前，他們是安全的？

雖然發生在周遭的可怕事件確實是**某個**真實狀態的一部分，但粉碎恐懼的關鍵就在於了解它們不必成為**我們的**真實狀態。儘管這聽起來可能像個天真的新時代哲學，事實上卻是個受到先進科學認同的古老信念。我們知道無量之網確實存在，並在生活中反映我們心底及腦海中所有的思緒、感覺、情緒和信念；也知道只要稍微改變對自己的觀點，就能使改變也反映在健康、世界和人際關係上。恐懼惡性循環的荒謬本質在此清晰可見。

關鍵18：「負面」經驗的根源可追究到人類三個共通恐懼之一（或其組合）：離棄、貶抑自我價值或缺乏信任。

若想有所改變，就必須打破循環，使無量之網反映出不同的事物。聽起來很簡單，不是嗎？

可能沒有想像中簡單，因為改變對自我的觀點可能是一生中最難做到的事情。內在的經驗使我們置身外在世界時，經歷著內心和腦海正在上演的大戰，一場認定自己是誰的掙扎之戰。

儘管有一籮筐**不**信任的理由，我們仍必須為自己找到一條脫離恐懼枷鎖之路。生命的經驗每天請求我們展現出自己能付出信任到什麼程度。那不是單純盲目的信任，而是真實認為自己在這世間安全無虞的感受。

【原註】

❶ Carlos Castaneda, *Journey to Ixtlan: The Lessons of Don Juan* (New York: Washington Square Press, 1972): p. 61.

❷ Douglas-Klotz, *Prayers of the Cosmos*, p. 12.

❸ Gregg Braden, The God Code: *The secret of Our Past, the Promise of Our Future* (Carlsbad, CA: Hay House, 2005), p. xv.

【譯註】

[1] Memorex是一家提供錄音媒材的公司，強調錄音帶的高品質令人如臨現場。這段廣告詞使該公司成為高品質錄音器材的代表品牌。

第七章

閱讀關係之鏡：來自自我的訊息

◉生命是一面鏡子，
會將思索者的想法
反映在鏡中。
——心智科學之父，歐尼斯特·霍姆斯（Ernest Holmes，一八八七—一九六〇）

◉天國在你之內，
在你之外……
所有隱藏的
也將顯現。
——耶穌基督，摘自「納格瑪哈地藏書」，迪狄莫斯·猶大·多馬（Didymos Judas Thomas）著無量之網除了是承載經驗的容器外，也是一面量子鏡，照映出人類信念在世間創造的一切。我們能透過與他人的關係，清晰看見這些信念。有時候鏡中的寫照顯而易見，我們會說：「事情原來如此啊。」有時候則反映出微妙的真實狀態，使我們意外發現自己的看法和**自以為**相信的事物不同。

不論鏡中寫照給予怎樣的教導，只要花時間與他人相處，這些寫照就會在精確而適當時機觸動正確的情緒，幫助我們療癒生命中最嚴重與最深的創傷。人際關係不僅顯示出我們的喜悅與愛，也顯示出恐懼，但由於我們很少會「陷在」喜樂之中，因此純然愉快的關係很少能觸發深刻的生命學習。

透過人際關係，我們有機會以各種想像得到的方式看見自己。不管是同事、同學或生命伴侶，每個人都能使我們認識自己，察覺自己因信任遭到背叛的傷痛，或內在想要填滿空虛的渴望。只要能辨認被反映出來的訊息，就能揭露那些在生命中製造痛苦的信念。

有些人告訴我，他們的人際關係正處於休息狀態，又或他們再也不願建立任何關係，因為實在令人痛苦萬分。事實上，我們永遠與某人或某物處於關係狀態中。即使隱居到深山之中，一輩子不再見到人類，仍與山、與自己進行互動。而這些互動將真實反映出我們的核心信念。為何會如此？因為在這世間反映著我們的那面鏡子，從不停止工作。你無法逃避！鏡子也從不說謊。

關鍵19：最真實的信念反映在最親密的關係中。

無量之網提供的是個中立平台，單純將任何投射其上的事物反映出來。問題是，我們是否懂得它的語言。或許更好的問法是：我們是否了解自己傳送給身為無量之網的自己的訊息？

二十世紀的心智科學創始人霍姆斯曾說：「生命是一面鏡子，會將思索者的想法反映在鏡中。」❶無數的古老智慧都認同這個連結，認為人際關係的鏡中寫照是走向整體、與神合一的道路。例如，我們可在於一九四五年發現的「納格哈瑪地藏書」中，所包含的古埃及、諾斯底及猶太教苦修派（Essene）經文裏，看見一系列的鏡中寫照，那些是每個人一生某些時刻必須面對的經驗。然而，儘管寫照可能隨侍在旁，我們卻似乎必須透過特定順序才能認得。

古老靈性智慧相信，痛苦的感覺獲得療癒時，我們將能主導允許傷痛存在的模式。換言之，要克服生命中現存的恐懼，首先必須主宰使恐懼存在的模式。

五種古老關係的鏡中寫照

第一道鏡中寫照：反映當下

第二道鏡中寫照：反映當下的評判

第三道鏡中寫照：反映失去、放棄、遭剝奪的事物

第四道鏡中寫照：反映靈魂的暗夜

第五道鏡中寫照：反映最偉大的慈悲行為

關係的鏡中寫照，依常見的學習順序而列。一般而言，最明顯的寫照會被最早認出，使其他更深刻、難以捉摸的寫照得以浮現而明朗。

我們將在接下來的章節中，依最明顯到最難捉摸的順序，探討這五種關係的鏡中寫照。而依此順序獲得的解答，就是允許我們在最短時間內，獲得最大療癒成果的密碼公式。科學研究顯示，我們可以改變對過去事件的感覺，改變身體當下的化學反應。生活在一個能透過周遭環境反映出感受的世界中，辨認我們的關係所表達的內容，並學會閱讀來自無量之網的訊息，非常重要。

第一道鏡中寫照：反映當下

你能閱讀天空和大地的表情，卻無法認得眼前的人，你不懂得如何閱讀當下。❷

——〈多瑪斯福音〉

動物很擅長觸動我們心中的微妙情緒，那樣的情緒可稱之為「議題」。單純而天真的本我表現，使牠們能夠引發許多關於「事物該與不該」的強烈控制欲望與判斷情緒。貓是最佳例子。

我與貓最早的接觸始於一九八〇年冬天。當時我住在丹佛一間小公寓，在一家石油公司擔任電腦地質師。身為新成立的技術服務部門的一員，我日以繼夜，花了許多時間學習新電腦各種相關細節，並將所學應用到傳統的石油地質觀念中，連週末也沒休息。我從未想過要養寵物，因為沒辦法經常在家照顧牠。

某個週末朋友來訪，為我帶來一個意外禮物：一隻大約五週大的橘黃色小貓。牠在同胎手足中身材最嬌小，名為跳跳虎，取自經典兒童故事書《維尼熊》中的跳跳虎。我即刻被跳跳虎吸引，牠小小身軀所散發的浩大雄風令我感到相當有趣，因此牠不在身邊時，我非常想念牠。雖然我住的公寓不允許養寵物，我仍決定賴皮將牠留下，心裏告訴自己只是暫時性的安排。跳跳虎和我於是成為一家人。

我立即訓練新朋友要遵守家中「禁區」的規則，教牠不可爬到沙發、流理台和冰箱上。最重要的是我上班時，不可以窩在窗台上讓全世界看見牠。每天我回家時，牠都睡在許可區的某處。我們的祕密關係似乎進行非常順利。

有一天我比平日早下班回家，打開公寓大門時，跳跳虎正從貓的深層睡夢中醒來，但牠是睡在廚房水槽旁的流理台上，一個規定是禁區的位置。看見我走進門，牠一臉驚訝，立即跳下來，回到床上屬於牠的位置，等著看我如何處置此事。這下可勾起了我的好奇心：這只是一次例外，或者是我每天出門後的真正情況？牠是否對我的模式瞭如指掌，所以每晚我回家時，牠總在正確的時間回到該去的地方？

那天我進行了一項實驗。我假裝出門工作，卻走到俯瞰美麗綠帶的陽台上，躲到窗簾後等著。不消幾分鐘，跳跳虎隨即跳到流理台上烤麵包機和果汁機旁的老窩，一副舒適滿足的模樣，然後很快就在水槽旁打起盹，沉沉入睡。那是個牠假使知道我在家，一定不會去的地方。

我和養貓的朋友聊過之後，才得知一項大概所有貓飼主都知道的事情，那就是你沒法訓練貓！雖然偶爾有例外，但貓就是會做貓做的事。牠們喜歡高處，而且會往高處去，也就是流理台、冰箱和窗台等禁區。雖然我們在場時，牠們可能會守規矩，但一旦獨處，貓主宰自己的世界。

鏡中寫照無所不在

跳跳虎的舉止**對我**產生的影響，是我分享故事的原因。當跳跳虎表現出本我之際，我卻挫折到近乎發狂。牠直視我的眼睛，而我也知道牠完全清楚自己的界線何在。但牠依然違反了訓練規則，選擇在牠想要的時候，做牠想做的事情。

就在面對跳跳虎的問題時，我注意到自己在工作上也出現相同挫折。或許那並非偶然。我負責指導的下屬，也對我做出跳跳虎做的事：他們忽視我針對計畫所下的指令。某個狀況百出的下午，其中一位同事來找我，問我為何不能單純讓她做她該做的事。我指派了一項任務給她，但她覺得我對她的每一項表現緊迫盯人。那晚我回到公寓，跳跳虎再度睡在廚房流理台上的禁區裏。這回牠看著我，甚至懶得動，可把我氣壞了！

我坐在沙發上思考呈現在面前的情況，注意到跳跳虎「輕忽」我的規則，就和同事展現的態度一樣。這兩個同時發生、且看似毫無關連的經驗，皆映現出我的一項重要性格，反映出某個我之前從未察覺的微妙模式。這成為我必須自我發現的第一個內在鏡中寫照，日後才能在其他更強烈與微妙的關係中獲得療癒。

在一九六〇和七〇年代，自我養成的專家經常說，如果不喜歡眼前看見的世界，就該轉而看自己。他們教導說，同事的憤怒、背叛等等一切，都是自己最深刻信念的寫照。我們最強烈感同身受的模式，往往也最無法在生活中被察覺。這正是跳跳虎和同事所表現出來的情況。

我不是在暗示同事知道他們反映出我心中的寫照，或知道這是我生命的模式，我很肯定他們對此一無所知。只不過在互動中，我看見某種他們在我身上引發的事物，那就是反映出我的控制欲。由於這個反映寫照發生在當下，而非幾小時或幾天後，我才能察覺到自己的行為和他們的反應之間的關連。立即性的回饋是這個學習的關鍵。

當下的寫照

若觀察亞洲偏遠部落的人類學研究就能得知，了解自己的作為與世間發生的事物之間的關係有多重要。探險家發現某個「失落」的部落（當然，只有對我們是失落的，因為**他們**當然知道自己是誰，身在何處），相當訝異部落的人不曾把性交和懷孕連結在一起。性交後到孩子誕生之間數個月，時間落差太大，對他們來說，兩事件的關連完全不明顯。這就是鏡子的價值，其立即性能幫助我們了解看似無關的事件間，真實的基礎連結。

若透過鏡子看見自己的信念具體呈現，就表示信念正在發生中。我們看見的任何反映，都是珍貴的機會片刻，負面模式一旦被察覺，就能在瞬間得到療癒！而辨認出它，是了解其存在的第一條線索。我們最後往往也會發現，映照在生活中的負面模式，根植於前一章探討的三種共通恐懼之一。

看見自己的信念即時反映在與他人的關係中，表示我們正在經歷第一項鏡中寫照，也就是當下的寫照。然而，有時當下寫照顯示的，可能是比我們的作為更微妙的事物，有時甚至揭露我們在生命中所做的判斷。在這個情況下，我們經歷的，就是關係的第二種鏡中寫照。

第二道鏡中寫照：反映當下的評判

一旦認出洞見中的課題，

那些未能察覺的也將變得理所當然。❸

——〈多瑪斯福音〉

一九七〇年代，一位武術教練分享了他的祕密，告訴我們他如何判讀對手：「每個處於競爭狀態的人，都是你的鏡子。身為你的私人鏡子，對手會呈現出你當下的模樣。觀察他如何接近你，就能看見他如何看待你。」我始終記得教練的話，且反覆思考。後來，我開始把他針對柔道競賽所說的話，應用在人類生命中的行為。一九九二年，我發現自己捲入一場事件，而鏡中反映的寫照對我來說毫無意義。那時，我才察覺到關係的第二個鏡中寫照微妙之處。

那年秋天，有三個人在很短時間內陸續進入我的生命。透過他們，我經歷三段成年以來最強烈、也最痛苦的關係。雖然當時我並未察覺，不過三人以我無法想像的方式，成為我重要的導師，一起為我上了一課，從此改變我的生命。每段關係皆在最適當的時間執行了鏡子的反映工作，但最初我並未能看出他們教我的功課。

第一段關係是一位女性，她與我有十分相似的目標與興趣，最後我們決定一起生活與工作。第二段是專業上的新夥伴，協助我安排與組織全國各地的研習會，是我亟需的後援關係。第三段關係是友誼和事業的結合，在我離家旅行工作時，一位男性友人協助照顧我的地產，他則免費居住我一棟正在翻新的空建築，做為勞力交換。

三段關係在同一時間來到我面前，我其實就應該警覺到事有蹊蹺，而且還是件大事。幾乎打從一開始，這三人便測試著我的耐心、自信和果斷力，簡直快把我逼瘋了！我跟他們爭吵、意見相左。由於我不斷在外旅行，因此傾向於忽視緊張關係，逃避解決之道，總是帶著「等著看」的態度離開，直到旅行回來。但回來後，事情仍和離開前一樣，有時甚至更糟。

當時，每回結束研習會，走出機場後，我總習慣先提領行李，再到提款機領足加油和吃一頓飯的錢，然後上路開四、五個小時的車回家。但在某次行程中，發生了一件事情，使這些關係中的一切變得清晰明白。領了行李後，我到提款機想領二十美元，打算去加油，但機器卻印出一張收據，告訴我戶頭裏餘額不足，我非常震驚！

我最近才安排承包商翻修我名下一棟百年老泥屋，而支票正是從這個帳戶開出，眼前情況因此更加震撼。提款機顯示我完全沒錢，一毛不剩，不僅無法負擔房貸、辦公、旅行和家庭開銷，連其他該盡的責任也無法承擔。一定哪裏出錯了，但在新墨西哥州星期天下午五點半的此時，我什麼也不能做，必須等到星期一才能處理。我說服停車場人員會寄支票付長期停車費後，展開了漫長的回家旅程，一邊思索究竟發生了什麼事。

我隔天打電話給銀行，聽到了更驚人的消息，帳戶餘額確實為零，真的一毛不剩。事實上，比一毛不剩更慘。協助管理我事業的女人，未經授權就將我的帳戶完全清空，而因為那些已開出支票的超額支出，我還得負擔罰款。突然間，我因為幾千美元的透支罰款，而負債累累。

我震驚得難以置信，馬上怨恨了起來，然後怨恨又轉為憤怒。腦海裏閃過所有我開支票的對象，想到自己將無法履行責任而失信。信任遭到違背，以及全然漠視我和我的承諾，比想像中還令人痛苦。

禍不單行的是，同一天稍晚，我的事業夥伴關係也面臨爆發階段。當我打開郵件仔細檢查已完成的研習會的費用帳戶時，發現費用報告有所差異，我立即打電話，一條條清算、爭取我該擁有的收入。

在那同一週，我又發現免費住我房子的房客，完全未依照當初同意的方向執行任務，而新墨西哥州政府對此很有意見。顯然，我不能再繼續忽視發生在人際關係中的種種問題。

不只一面鏡子

隔天早上，我沿著泥巴路，走到屋後俯瞰整座河谷的大山上。我帶著寧靜的祈禱之心，小心翼翼跨過泥溝和碎石，在心中尋求著理解眼前模式所需的智慧，想要了解非常露骨但我卻看不懂的模式。使這些關係交織在一起的共同線索為何？我想起武術教練所說的話，於是自問：**這三人透過其行為，所呈現的共同寫照是什麼？**

許多字眼在腦海中閃過，有些一閃即逝，有些則清楚呈現。幾秒鐘後，四個名詞特別突顯：**誠實、正直、真實、信任。**我問自己更多問題：**這些人反映的是我當下的模樣嗎？他們在說我不誠實嗎？我是否在工作上違背了正直、信任和真實原則呢？**

我在腦海裏思考問題時，內心深處湧起了一股感覺。一個聲音，**是我的聲音**，開始尖叫。**不，我當然是誠實的！我當然是正直的！我當然是真實又值得信任的！因為這些正是我的工作基礎，是我與大家分享的事物。**

接著，另一個感覺出現了，一開始很難捕捉，但逐漸清晰而強烈，最後終於具體呈現，使我得以看見與理解。在那一刻，鏡中影像突然變得清澈透明：這三個我精心吸引進入生命的人，不是要給我看**當下的我**，而是呈現另一種我不曾知道的更微妙的反映寫照。透過彼此信念和生活風格的差異，他們呈現的並非我是誰，而是**我所評判的事物**！他們讓我看見能在我心中激起強大敵意的品質，也就是我認為他們所觸犯的品質。

當時，我確實對人如何達到誠實與正直應有的特質，有很多的評判。我的敵意可能從童年就開始累積。當下我立即想到生活中這些特質被觸犯的案例：以前女友的生命中出現其他人而對我不誠實，大人給了承諾卻不曾實踐，朋友的好意和事業上的良師做出永遠辦不到的承諾例子不勝枚舉。

我對這些議題的評判，以小到未能察覺的程度在多年間持續累積，此刻已成為不可忽視的問題核心。銀行存款歸零的巨大效應，使我必須了解這些關係所帶來的訊息，才能繼續往前走。就在那一天，我學到第二道鏡子微妙而深刻的奧祕，那是一道反映我對事物所下評判的鏡子。

認得自己的寫照嗎？

請你檢視你與親近的人的關係，承認那些使你惱怒難受，甚至幾乎將你逼瘋的特徵與性格，接著問自己：**這些人呈現出我當下的模樣嗎？**

很可能是如此。若是如此，你「本能」就會知道。然而，答案若非如此，他們揭露的，或許是比反映出你是誰還更深層而強烈的事物——可能是你在生命中所下的評判。只要了解與承認這面鏡子的存在，就能開始治療你的評判特質。

具串聯效應的療癒

察覺評判之鏡存在後的隔天，我拜訪了一位住在陶司部落（Taos Pueblo）[1]附近的朋友。陶司部落是北美州最古老的原住民社區之一，過去一千五百年來持續有人居住。羅伯（化名）部落內有一家店，是一位技巧精湛的藝術家和工藝師。他的店裡到處是「美國」誕生前，就已經屬於其文化傳承的雕像、補夢網、音樂和珠寶。

我走進店內，他正在雕刻一座高約二點一公尺的雕像。打過招呼後，我詢問他的家人和生意近況，花了幾分鐘了解他的狀況。他也回問我最近生活中發生的事情。我告訴他過去一週發生的事件，那三個人以及不翼而飛的錢。聽完我的描述，他思索了一會兒，接著告訴我一個故事。

他說：「我的曾祖父在新墨西哥州北部平原獵過野牛。」他談的是很久以前的事，因為就我所知，他說的那個地方已經很久沒有野牛了。「他過世之前，把最有價值的財產送給了我，那是他年輕時獵到的第一頭野牛的頭。」羅伯說野牛頭也成為他的寶貝。曾祖父過世之後，那是少數能讓他與自己過去的傳承相連結的遺物。

有一天，鄰近城市的藝廊老闆來拜訪羅伯，看見那個美麗的野牛頭，便問說她是否能把它擺在藝廊展覽，羅伯同意了。幾星期過後，羅伯一直沒有朋友的消息，便到藝廊去探望情況，到達時，卻訝然發現那裏空無一物。大門深鎖，窗戶密封，藝廊已經關門大吉。藝廊的老闆和他的野牛頭消失無蹤。羅伯的眼神移開雕刻作品往上看，神情說明他在這次經驗中受到了傷害。

「你怎麼辦呢？」我問道，心中期待聽到他追蹤到藝廊老闆，要回野牛頭的訊息。

當我們的眼神交會時，他話裏所蘊藏的智慧，並未因為答案太簡單而消逝。他說：「我什麼也沒做，因為她必須承擔自己的作為。」那天離開陶司部落時，我心裏思索著故事，以及它對我生命的意義。

當週稍晚，我開始尋求法律途徑，想要至少追回部分帳戶中消失的錢。但我很快發現，儘管我的案子很有利，卻將是一段漫長、耗神且昂貴的過程。由於案件屬性的關係，我必須把這件事轉給刑法單位，而不能以民事法律程序解決。一旦轉為刑事案件，事情將完全脫出我的掌控，那女人若是遭到起訴，將要面對牢獄之災。到最後，只會使一段我已不想再與之牽扯的關係，變得漫長而情緒化。

我思考過可能的選擇，再度想起與陶司部落洛朋友的對話，以及從中學到的課題。我很快就做出了決定，而且感覺那麼做是對的——也就是什麼也不做。幾乎就在同時，意外的事情發生了，那三個反映出我的評判特質的人，開始遠離我的生命。我對他們不再怨懟，不再憤恨，甚至產生一種他們「不足為道」的奇特感覺。我並未特別花力氣將他們驅離我的生活。我根據這段經驗的本質，而非他們在我評判中呈現的人格，來重新定義我們之間所發生的事件後，就再也沒有必要將他們留在生命中。而他們也在我日常活動中逐漸消失，來電和信件突然變少了，一天過完後，我想起他們的次數和時間也減少。原來，我的評判是維持這些關係的磁力。

這是個有趣的新發展。不過，在幾天之內，竟出現更令人困惑與好奇的事情。我察覺到，某些在我生命中存在許久的人，逐漸疏離。但與之前一樣，並非我有意努力結束關係，這些關係只是單純不再對我有任何意義。我和其中一人有過一次難得的對話，當時卻感到非常勉強而膚淺。過去我們共有的關係，如今只剩下拘束、侷促。

我一注意到這種改變，便開始察覺到一個對我而言很新的現象。每個逐漸遠離我的關係，當初建立起來的模式，與故事之初來到我生命的三人相同，也就是評判。原來，我的評判除了是吸引這些關係的磁鐵外，也是使它們得以維持的黏著劑。少了評判，黏著劑於是溶解了。我發現這是個串聯效應，一旦在某處（如某段關係中）辨認出某個模式後，其迴響效果也將在生命的其他層次消退。

評判之鏡非常微妙難解。就算意識到此鏡存在，可能也理不出個頭緒，無法明白其中道理。朋友和家人知道我決定「什麼也不做」後，認為我在否認事實。「她拿走了你所有的錢！」「她背叛你的信任！把你掏個精光！」一方面，他們的觀察真實無誤，因為事情確實發生。但我認為，假使我遵循一般的報復模式，企圖討回公道，就會陷入報復思想的惡性循環中，而使此經驗持續滋長。但另一方面，這三人在單純表現出本性的同時，也呈現出某些關於我的事情，這些事情將來會在我的事業決策上成為關鍵元素，因此為我上了很有效的一堂洞察信任課。

這次經驗之前，我總以為信任是二元的，也就是說，我們對某人只能是信任或不信任，一旦信任了，就該完全信任。雖然我不願相信世界是以另一種方式運作，但從這三段關係，我學到對他人該有不同程度的信任。我們經常過度相信別人，賦予的責任甚至超過他們對自己的信任。而這就是我的經驗。

能夠認出一段關係反映出來的評判，即是一種有力的發現，而此發現的餘波將持續蕩漾並影響生活每一層面。對於幫助我得到學習的人，我心懷感激。對於使我看見自己人性層面的朋友，我給予最深的敬意與謝意，因為你們為我舉起一面無懈可擊的鏡子，完美證實了關係第二道鏡中的奧祕！

（註：在前面故事中，我提及如何調解評判所產生的敵意，但並未完整描述。我在《無量之網2：正確祈禱，連結萬物為你效力》一書中，以「第三祕密：祝福就是釋放」的主題，對

這一部分做了完整的詮釋。簡言之，祝福是轉化評判的強效關鍵。這是一個古老的祕密，能將我們從痛苦折磨中釋放，並以其他情感取代苦楚。若能祝福曾經傷害我們的人或物，痛苦的循環就能暫時中止，不論是中止了千萬分之一秒或一天。在循環中止的片刻，祝福，是我們通往那扇步上療癒之路的門，讓我們能在生命中繼續前進，因為關鍵在於在某些循環階段中，放掉痛苦的時間夠久，他物即可藉機進入我們的心房與思緒之中，而所謂他物就是「美」的力量。）

✣
✣
✣

第三道鏡中寫照：反映失去、放棄、遭剝奪的事物

〔天父〕的王國，就像抱著一口罈的女人，
罈中裝滿食物。她走在路上，離家還有一段距離，
罈的把手破了，食物傾倒在她身後的路上。
她並未察覺，沒有注意到異樣。
當她到家把罈放下時，才發現罈空了。❹
——〈多瑪斯福音〉

你的愛、慈悲和關懷，就像是上述寓言裏的罈中食物，是一生面臨艱難困苦時，用以安慰、滋養與支持他人（以及**自己**）的部分。喪失心愛的人、地、物時，正因為有愛和慈悲的滋養，才得以走過苦痛，存活下來。

我們總是心甘情願分享愛、慈悲和關懷，因此這些也最容易失去，否則就是輕易送出或遭強權奪走。每當我們相信可以去愛或滋養他人，而這份信任卻遭到侵犯時，總會因此喪失部分自己，於是我們開始遲疑付出，以防再度受到傷害，自我保護。那也是我們得以在最深刻的傷痛與背叛中存活的手段。每回只要將慈悲與滋養的最真實本質隔絕起來，我們就會像自那女人懷抱的罈中慢慢流出的食物。

當我們來到生命某一階段，因為真心想打開心房與另一個人分享自我，而往內在探索時，卻發現什麼也不剩，只留下一片空虛。原來，在信任並允許他人進入生命的經驗中，自我已一點一滴流失。

好消息是，那些**看似**已經失去的自我，並非真的消失，並未永遠遭到殲滅，它們是我們最真實的本質、是靈魂的一部分。如靈魂永生不滅的道理一樣，我們真正本質的核心也不會喪失，只不過是隱藏起來，受到妥善保管。若想了解我們如何隱藏它們，必須展開療癒過去的旅程。而召喚我們失去的部分自我，可能是自我掌控的最佳表現。

早期我還在國防工業領域工作時，曾參與發展武器系統軟體。同事和我共用一間小辦公室，使用標準空軍規格的桌椅和隔間，我們有很多時間近距離相處。可想而知，辦公室裏幾乎沒有隱私，電話內容在石膏板牆間迴盪，從隔間上方傳開，同事彼此逐漸熟悉，甚至很快擔任起對方事業、約會、家庭事務和個人生活的顧問。

每星期我們有幾次共進午餐，偶爾一起去銀行兌現薪水支票，或趁午休時間去辦事。在某次午休冒險時間，我目睹了第一手的鏡中寫照經驗，那經驗成為一位好友同事的個人「地獄」。

他任何時刻都能與在工作中遇到的女人「陷入戀愛」，對方可能是點餐的服務生或超市結帳的收銀員。事實上，他一天中遇到的人（當然是女性），幾乎都有可能是他戀愛的對象，情況不僅隨處發生，模式也始終一樣。他總是看著女人的眼睛，「感覺到那種情感」，連自己也無法解釋。他並未試圖了解那是什麼情感，便直接把此經驗套用在他唯一知道的解釋上，也就是自己戀愛了！而且一天好幾次。

問題在於他已經結婚了，也深愛美麗的妻子和漂亮的新生兒子，因此完全無意傷害她們，或破壞共同創造的生活。然而於此同時，他對其他女人的情感幾乎越來越過分，不過他就是無法了解狀況有多糟。

這一天，我們吃完午餐，到銀行辦完事、加過油回到辦公室。他的麻煩始於銀行，協助我們存款的櫃員是位美麗的女性（那年代還沒有電子轉帳）。他回到辦公室後，滿腦子只有她，無法專心工作，也沒法忘掉她。「萬一她現在正在想我？」「萬一她是我的真命天女？」最後，他拿起話筒，打電話到銀行找那位櫃員，邀請她下班後喝咖啡。她答應了。但是他們在咖啡廳時，他抬頭看見了端飲料的女服務員的眼睛，馬上又愛上**她**！

我在此分享這個故事是因為，同事基於自己無法理解的理由，有種必須與他真心相信自己愛上的女人接觸的衝動。但這麼做，他得冒著失去一切珍貴事物的風險，包括失去妻子、兒子和事業。他到底怎麼回事？

你是否有過類似經驗（希望程度不至於如此強烈）？是否曾察覺自己原本處在完全快樂與投入的關係中，突然間「它」竟發生了？或者，你沒有與人維持任何關係，也不想要有，卻毫無預警地在某條繁忙的街道上或購物中心、超市、機場，突然有了「那個經驗」。一個素未謀面的人從面前走過，你們瞬間四目交會，然後——滋——滋——電到了，出現了那種感覺。或許那只是一種熟悉感或可能性，讓你站在那人身邊時，會有一種難以抗拒的欲望，想要認識對方、跟他說話。我在許多研習會中常提出這個問題來討論。有趣的是，如果能夠誠實以對的話，將發現這種連結並非不尋常。

這種情況過程通常如下：即使兩人眼神交會，且顯然彼此都有「感覺」，其中一人也會漠視當下那刻。然而，有那麼瞬間，發生了某項不可否認的事情，那是一種非常態，非真實。在稍縱即逝的剎那，雙方眼睛交換了一個超越一般眼神的訊息，彼此可能向對方說了某些兩人都不曾意識到的事情。

接著，幾乎像是打好訊號一般，理智會製造某種分散注意力的事，打破那個侷促不安的接觸，或許是一片葉子掃過路面，或許是一個噴嚏，乃至閃躲人行道上的口香糖，都足以使人分心！重點是，其中一人只要透過任何事物，就有藉口轉移注意力，而那片刻即隨之消逝！

當我們經歷到這種經驗時，究竟發生了什麼事？

從他人身上察覺自己所失之物

若能察覺自己處在這類情況，並運用這重要的時機，將能從非常特殊的角度認識自己，只是重點在於，我們是否知道那一刻的發生是為了什麼。若不能，就會像我那工程師朋友一樣，發現這類連結令人非常困惑，甚至感到害怕！而此類遭遇的祕密，正是第三道鏡中寫照奧妙的本質。

我們為了生存下來，對自己是誰這類問題，常做出很大的妥協。每妥協一次，內在就會在社會可接受的方式下，喪失某些東西。但這是個痛苦的過程。這些妥協包括：家庭破碎時，喪失童年，扮演大人的角色；文化被迫融合時，種族認同的消逝；壓抑傷痛、生氣和狂怒的情緒，以便在早期創傷中存活。以上都是使人喪失部分自我的例子。

為何要這樣做？為何要背叛自己的信念、愛、信任與同情之心，縱然明白這些是自我的本質？答案很簡單：為了生存。例如我們還是孩子的時候，可能已經發現沉默是金的道理，這樣才不會因為發表意見，而冒著被父母、兄弟姊妹和同儕取笑、輕忽的風險；若是家暴受虐對象，「讓步」與遺忘，要比抗拒威權更安全；或是在社會上，接受戰爭中殺害他人的舉動，並辯稱那是特殊狀況。我們都曾受到制約，學會在面對衝突、疾病或難以承受的情緒時出賣自己，而出賣的方式我們到現在才要開始理解。事實上，每種情況都是機會，讓我們能看見強大的可能性，而非判斷事情的對錯。

每一回為了到達今日的地位，而出賣自己的一部分，我們的內在就會留下一處空白，等著被填補。我們永遠追尋著某種事物，以填滿內在特定的空虛。當某人擁有我們付出的特定事物時，就會覺得靠近對方的感覺真好。他擁有的互補特質能填滿我們內在的空虛，使我們再度感到完整。這就是了解我那工程師朋友以及其他討論過的案例的關鍵。

在他人身上找到自己「失落」的部分時，就會被對方強烈吸引，無法抗拒，甚至相信自己的生命「需要」他們的存在。要到想起對方吸引我們的，是某種自己早已擁有的事物，只不過那事物目前處於沉睡狀態，情況才會停止。若能察覺自己仍然擁有那些特質，就能揭露它們，將之重新併入生命。只要這麼做，將會發現自己不再無緣由如磁鐵般，強烈受到反映出我們那些特質的人吸引。

能夠正確看待我們對他人情感的本質，而不是看見自己在制約狀態下所呈現的模樣，是第三道鏡中寫照的關鍵。與某人相處若產生某種無法解釋的情感，那如磁鐵、烈火般使人活力充沛的，其實是**我們自己**！那就是我們失落的自我的本質，也是一種覺醒，一種想要找回失落自我的認知。了解這些之後，讓我們回頭再看工程師朋友的故事。

當然，我的朋友很可能在不自覺的狀態下，從女人身上看見自己這輩子失落、出賣或被奪走的部分。他也可能在男人身上發現同樣事物，但基於制約效應，無法允許自己對男人有同樣感情。在其經驗中，他喪失的事物非常普遍，以致於在每個遇見的人身上都能找到蹤跡。

但是，由於他不了解這些情感為何，因此總是無法自制，只能不斷地以唯一知道的方法接近女性，並真心相信每一次相遇，都是獲得快樂的機會，因為和女人在一起的感覺很美好。他依舊深愛著妻兒，有一回我問他是否會離開妻兒，他滿臉震驚。儘管他毫無結束婚姻的欲望，卻仍順著感覺走入妥協的情況中，直到失去家人的危險變得真實。

察覺受吸引的感覺背後所隱含之意

每個人都曾為求生理或情緒上的生存，在必要時候，有技巧地付出或出賣部分的自己。這麼做，卻很容易感覺到自己「不足」，或陷在對僅剩事物的信念中。對某些人而言，這種交易早在察覺前已經完成，不明白究竟發生什麼事；對其他人而言，這是個有意識的選擇。

上班某天下午，我獲得一項意外邀請，要針對新設立的策略性防衛計畫（Strategic Defense Initiatve，SDI），或俗稱的「星際戰爭」武器系統，向白宮和軍方人員做非正式報告。活動後的酒會中，我聽到一位軍方高層和公司總裁的對話。

總裁提出的問題是關於對方付出什麼代價，而達到今日的權力位置。他問道：「你做了哪些犧牲，才有今日的地位？」官員描述了自己如何在軍方和國防部中逐漸升官，最後來到與國際企業接觸的權力位置。我非常注意聽他以罕見的坦率與誠實回答問題。

他說：「我把自己送給了制度，才到達今日的地位。每升官一次，我就喪失一點自我。有一天，我發現自己已經到達頂端，於是回頭看看過去的生命，結果發現我給出太多的自己，什麼也不剩。企業和軍方擁有我。我放棄了最愛的一切，包括老婆、孩子、朋友和健康，以換得權力、財富和掌控權。」

我很驚訝他的誠實。儘管他承認在過程中喪失自我，卻很清楚自己的作為。他很悲傷，卻認為為了得到權力，值得付出這樣的代價。或許原因不同，但每個人一生中都可能做出類似的選擇。不過對許多人來說，交換的目標無關乎權力，多半是為了生存。

遇見某個在你心中激發出一股熟悉感的人時，希望你能把握時機，沉浸在當下。對你們倆來說，某種罕見且珍貴的經驗正在發生。你找到了握有你失落片斷的人，而這通常是雙向經驗，對方也因相同的理由受你吸引！運用你的洞察力，情況如果適當，可以與對方交談。只要能維持視線交會，說什麼都可以。在說話的同時，私下問自己：**我在這人身上看見了什麼是我失去的、出賣的或被奪走的？**

你的腦海中往往會立即出現答案，有時那只是一種明白的感覺，有時可能是個清晰的聲音，一個你發現從小就一直存在的聲音。答案經常是簡單的字或短句，而且身體知道什麼對你是有意義的。或許你只是看到那人身上的某種美麗，是你當下欠缺的，也或許是那人表現出來的純真，或是他走在超市裏的優雅模樣，在工作表現上的自信，或是生命力散發出來的光芒。

你們交會的時間可能只有短短幾秒鐘或幾分鐘。那些短暫的片刻，就是你感受當下的喜悅與振奮的機會。你在那人身上找到了部分的自己，是你已擁有的自己，同時也體會到那失落的部分甦醒時的感覺。

對於能在短暫相遇中勇於承認這些熟悉感的人來說，可能每天都必須面對失落之鏡，並在他人為我們反映出的真實本質中，感受到自我的完整。我們集體尋找著我們的完整性，而且各自創造出種種能使我們找到完整的狀況。不論是服務員、老師、長者、青少年、父母或孩子，每個人都是感情的觸媒。

我們透過這些感覺，在自我之中找到渴望之物，那是我們依然擁有，卻隱藏在我們以為的自我面具之後的事物。了解自己對他人的感覺所代表的意義，或許是幫助我們發掘自己偉大力量的最有效工具。

第四道鏡中寫照：反映靈魂的暗夜

你所擁有的

將因你把它從你之內呈現出來

而使你得救。❺

——〈多瑪斯福音〉

在高科技開始發展的一九九〇年代早期，傑羅德（化名）是加州矽谷的工程師。他結婚十五年，有個美麗的妻子和兩個漂亮的小女兒。我們初見面時，他因為連續五年擔任公司某項軟體的資深難題解決專員，獲得公司頒獎，成為不可或缺的資產，而公司對其專長的需求，也使他常常得工作超過規定的八個小時。

傑羅德因為技術需求而在晚上和週末加班，並帶著軟體到處旅行，參加各種展覽和博覽會。沒多久，他發現自己和同事相處的時間比家人更多。當他談及與家人的疏離時，我從他眼中看到了悲傷。傑羅德每天下班回到家，妻女已經上床睡覺；早上出門上班時，她們的一天還沒開始。他覺得自己是家中的陌生人，對同事家人的了解甚至比自己家人還深。

這時候傑羅德的生命有了大轉折。他來找我時，我正在撰寫《穿梭異世界：慈悲的科學》（*Walking Between the Worlds: The Science of Compassion*）一書，描述關係之「鏡」在生命中扮演的角色。在二千二百多年前，《死海古卷》的作者指出我們與他人互動時，有七項特定模式。傑羅德描述的故事顯然是其中一種模式，是我們在生命中最深層恐懼的寫照，俗稱為「靈魂的暗夜」。

傑羅德同事中有一位才華洋溢、年紀與他相近的新近女軟體設計師。他和她經常被分配在同一工作小組中，有時連續一起工作好幾天，並在全國各地旅行。不久，他已覺得自己對女同事的認識更甚於對妻子的了解。故事及此，我已經猜到結局，但卻未能預期到後續的發展以及使傑羅德喪志的原因。

他很快覺得自己愛上女同事，於是決定離開妻女，和她展開新生活。這在當時是個非常合理的決定，因為他們擁有許多共同點。沒幾週後，新歡調任到洛杉磯去執行計畫。傑羅德設法利用人情，也使自己轉到同一辦公室。

但情況卻開始急轉直下，傑羅德發現自己失去的比獲得的更多。他與妻子多年來共有的朋友漸漸疏遠；同事認為他離開努力多年的職務與計畫，根本是荒謬的舉動；連父母親也因為他把家庭搞得支離破碎而生氣。儘管他覺得很受傷，卻認為若要改變，勢必付出代價。即將展開新生活的他，又有何求？

這正是平衡之鏡和靈魂的暗夜出現的時刻。就在傑羅德感覺一切似乎到位的同時，卻發現事實上一切正在瓦解！不過幾週，新歡即宣稱兩人的關係與她的期待不同，突然決定結束關係，並請他離開。就這樣，他落得孤單一人，孤獨而絕望。「在我為**她**做了那麼多之後，她怎能這樣對我？」他悲嘆道。他離開了妻子、孩子、朋友和工作，換言之，他放棄了所愛的一切。

沒多久，他工作上開始表現欠佳，經幾次警告和不光彩的工作成效評量之後，終於被裁員。傑羅德故事的發展非常明顯，他的生活從擁有新關係、新工作、更高薪的收入等至高的顛峰，掉落到夢想全然消失的最低潮。傑羅德來找我的那一晚，問了一個問題：「發生了什麼事？」原本前景看好的一切，怎會落得如此悲慘？

靈魂的暗夜：察覺觸動點

我遇見傑羅德時，他已經失去所愛的一切，而失去的原因是這個故事的關鍵。傑羅德放手離開舊有一切，並不是**因為**自己已經完整了，想繼續前進，反之，他在等到有更好的事物可取代現況時，才做出離開的決定。也就是說，他只想求穩當。由於他害怕自己可能無法找到更好的，就算對家人和婚姻已經沒有感情，也等到好一陣子才真正離開。因為感到完整圓滿才離開工作、朋友和愛情，與因為害怕沒有更好的選擇而留在原地，兩者間的差異微妙而重大。

在各式各樣的關係中，我們傾向抓住現況、騎驢找馬。之所以產生此種附著現象，可能是不自覺表現出的行為，或者是因為不敢自找麻煩，不願面對未知的不確定性。這很可能代表了某種我們未察覺的模式。不論是工作、愛情或生活習慣，我們或許發現自己處在不愉快、但又緊握不放的模式中，從未與相關者坦誠溝通。所以儘管全世界認為一切正常，我們心中卻非常渴望改變，而且因為無法與親近的人分享這份需求而感到沮喪。

這種模式導致人日漸消極、負面，將心中真正的感覺隱藏在壓力與敵意中，有時乾脆在關係中缺席。我們每天執行工作，或與另一人分享生活與家庭，情緒卻在遙遠的另一個世界裏。不論問題在於老闆、愛人或自己，我們都會辯解、妥協與等待。然後有一天，事情就這樣砰然發生，我們等待與渴望一輩子的東西彷彿無中生有般突然出現。這時候，我們會像世界末日在即似的撲過去，從此緊握不放。

在傑羅德的案例中，他跟著新歡搬遷到新城市，留下了未解的空虛，導致他的世界因而塌陷。如今傑羅德坐在我面前，因為失去所愛的一切，斗大的淚珠滑落臉頰。「要怎樣才能重新找回工作和家庭？告訴我該怎麼做！」

我把擺在一旁專為這種時刻準備的面紙盒遞給他，傑羅德完全沒有料到我接下來竟說：「雖然事情確實發生了，但這一次，你的功課不是取回失去的一切。你為自己創造的情況，深度遠超過你的工作與家庭所及。你才剛喚醒一股內在的力量，它將成為你最有力的盟友，經過這次經驗，你將擁有堅毅不搖的全新自信。你已進入了古人所謂的靈魂暗夜的時期。」

傑羅德擦乾眼淚，坐回椅子中，問道：「靈魂暗夜？什麼意思？我怎麼沒聽過？」

「靈魂的暗夜是你生命中的某一階段，在此期間，你將被吸引到一個代表你最深恐懼的狀態中。」我回答。「這個階段往往發生在最出乎意料的時候，而且毫無預警。事實上，只有在你對生命的掌控顯示你已做好準備，才會被吸引到此狀態！就在生活近乎完美的時候，你所到達的平衡狀態，就是你已準備好要進行改變的訊號。此外，創造改變所需的誘惑，將是某種你所渴望且無法拒絕的事物，否則你永遠無法跨出那一步！」

「你是說，例如一段新關係這類的誘惑？」傑羅德問道。

「正如一段新關係。」我回答。「關係就像觸媒，引導我們朝新方向前進。」我繼續向他解釋，就算我們知道不論接下來有什麼遭遇，自己都能安然存活，我們的本能畢竟仍無法讓自己某天清晨醒來，對自己說：「嗯，我想我今天要放棄所愛與珍惜的一切，走入靈魂的暗夜。」似乎無法這樣運作！暗夜最大的測試似乎總出現在最出乎意料的時候。

生命總在我們需要的時候，帶來所需的東西。就像除非**打開**水龍頭，否則無法在杯中裝水一樣，滿載的情緒其實正是一項訊號，用以轉動生命的水龍頭，為生命帶來變化。在開啟水流之前，什麼也無法發生。反過來說，若察覺到自己處於靈魂的暗夜，可以確定的是，之所以會有此遭遇，完全是**自己**啟動了開關。不論刻意與否，此時我們已準備好面對生命即將帶來的課題。

最大的恐懼

靈魂暗夜的目的，是為了讓人經歷自己最大的恐懼，並從中獲得療癒。暗夜有趣之處在於，人類的恐懼各有所異，對某人來說可怕的經驗，對另一人可能微不足道。例如，傑羅德承認他最大的恐懼是孤獨一人。那晚稍早，我與另一位女士談話時，她卻說「獨自一人」是她最大的喜悅。

害怕孤單的人經常長袖善舞，卻又在關係中經歷孤獨的恐懼。例如，傑羅德描述了過去許多無法持續的戀愛、友誼和工作關係，每次結束，他總認為關係「失敗」了。在現實中，每段關係其實都非常成功，因而促使他看見內心最大恐懼的產生，而那就是孤單。只不過，由於他從未在生命中療癒這個問題，也不曾認出此一模式，恐懼因此愈來愈明顯。最後，生命終於將他引導至此，他必須面對此種情緒，否則無法繼續前進。

✣✣✣

一生中，我們會經歷多次靈魂的暗夜，第一次經驗通常最為艱難，但往往也是促成改變最有力的媒介。一旦了解傷痛**為何**如此痛苦，此經驗就能產生新的意義。一旦認得了暗夜的徵兆，就能說：「啊！我認識這個模式，確實是靈魂的暗夜。這回我得學會掌控什麼呢？」

我知道有些人從暗夜經驗中獲得療癒後，非常有活力，甚至還向宇宙挑戰下個暗夜經驗。那是因為他們知道，若能熬過第一次暗夜經驗，就能在任何經驗中存活。只有在不了解這些經驗為何，或者為什麼發生的情況下，才會多年一直卡在同一個模式，甚至可能延續好幾輩子。這些模式甚至會盜走我們最珍惜的事物，譬如生命。

第五道鏡中寫照：反映最偉大的慈悲行為

指出造屋者不要的
那顆石頭，它就是基石。❻
——〈多瑪斯福音〉

一九八〇年代末期，我的辦公室位在丹佛山腳一棟巨大的多層樓建築中。儘管建築非常龐大，基於冷戰末期和政府經費縮減等因素，我工作的公司也必須跟著「縮減」規模，加以整併。其他部門搬進來後，空間變得珍貴。我必須與另一位雇員共用一間辦公室，這位女士和我在同部門任職，但工作內容截然不同。我們之間既無競爭，也無共同分擔的責任，因此很快成為好朋友，交換家庭週末、朋友及公事以外生命中喜悅和悲傷的故事。

一天，我們吃過午餐回來後，她聽著午休時間留下的電話留言。我從側面看到她整個人突然靜止不動，坐下後兩眼直視，除了臉頰和嘴唇上的妝，臉色變得很蒼白。她掛上電話，我則等了一會兒，待她收拾好情緒後，才詢問發生了什麼事。她看著我，對我說了一個既悲傷又震撼的故事。

她的好友有個女兒，擁有令人羨慕的美麗、運動員的技巧和藝術的天分，從小就培養出各項才華。女孩長大後，開始尋找能夠結合所有長處的事業，最後決定成為時裝模特兒。家人支持她的決定，並盡全力幫助她達成夢想。她把相片寫真送到各經紀公司，得到許多熱烈的回應，獲得旅行、教育等各種遠超過她想像的資源與福利。對旁觀者而言，她的生活已是再美好不過了。

然而，那些真正了解她的人，察覺女孩正隱約、微妙地改變。她的熱情轉成擔憂。她的經紀公司開始尋找擁有特定姿色的女孩來宣傳，雖然這女孩也擁有獨特的美麗，卻不是八〇年代末期經紀公司欣賞的類型。為了擁有那種特別的姿容，女孩請家人協助她進行一連串的整型手術，將身體塑造成模特兒行業所追尋的模樣。

她從最明顯處開始強化，進行了整容手術。手術後多少接近了理想目標，但仍未能確實擁有那種「容貌」，於是她再進行更極端的手術。她從小就有點暴牙，下巴和下顎略微內縮。她決定打斷下顎，整容重置，使下巴更對稱。骨頭癒合期間，她嘴巴用鋼絲固定長達六週，只能吃液體食物。術後，鋼絲移除，她擁有了對稱的漂亮臉蛋、突出的顴骨，暴牙也消失。同事讓我看了朋友女兒的照片，但我實在看不出她術前和術後的容貌有何差別。

這漂亮的女孩因為連續數週的液態飲食而瘦了下來，她注意到自己不再擁有手術前的V型體態。**事實**是因為她變瘦，所以上半身肌肉失去強度，使她不再擁有「模特兒」的身材比例。然而，她卻認為這是個可以透過手術修正的問題，因此又進行手術，移除胸腔最下方的浮肋[2]，以獲得更明顯的身體輪廓與比例。

她的身體因為各種手術而來的壓力陷入混亂。她發現自己無法像從前一樣控制身材，隨心所欲這裏胖一點或那裏瘦一些，身體自動進入了「減重」模式，而且是天天瘦。等父母察覺異狀將她送到醫院，為時已晚。由於一連串的併發症，最後她在那天上午過世。這就是午休電話留言上的訊息。

你或許認識某人也走在類似的旅途上，我希望他的情況不像此案例這麼極端。故事中，女孩對於完美有自己的想像，成為她用來比較的標準。她不斷把自己擺在參考點的陰影中，以腦海中的影像作為衡量標準，來比較自己的實際外型。她相信自己原本的模樣不完美，而此「不完美」可以透過現代科技奇蹟加以修正。然而女孩所面對的問題，深度遠勝於為了修正她認為的缺陷而進行的手術，反而是直接深入鏡中寫照的中心。

為何女孩認為必須採取如此極端手段才能成功？為何親友都支持她對完美的追求？這位原本就很美麗的年輕人，為什麼如此渴望成為別人，而不是出生以來所培養的自己？她面對了什麼樣的強烈恐懼，必須改變自己的外貌，以迎合他人的認可？另一個更好的問題是：**從她的經驗中可學到什麼？**我們自己用了什麼來當作比較的標準？又是以什麼為參考點，來評估自我成功與否的責任應在自己身上？

「不完美」即完美

我經常在研習會中分享這個故事，故事一說完，立即請參與者填寫一份簡單表格，評量自己的教育、愛情、專業和體育成就。評分標準分為四級，從「非常好」到「非常差」。我給他們寫表格的時間很短，因為對我而言，他們為此所做的思考，比表格中呈現出來的人格更重要。

不論答案為何，事實在於，只要參與者認為某事不完美，就是對自己做了裁決。而唯一能評估自己成功或失敗的方法，是與自己經驗以外的事物做比較。大家都知道，我們對自己的批判最嚴苛，因此，這面鏡子也是我們能給自己最大的善舉。這是對自己的關愛，讓我們知道自己是什麼，又變成了誰。

透過自我這面鏡子，我們能慈悲允許生命中的每一刻，以既有的模樣完美存在。不論他人如何看待那當下或結果如何，每一刻確實已然完美。在自己給事情結果賦予意義之前，每個經驗都只是一個表達自己的機會。

超脫鏡中寫照

假使能接受自己一切作為的原本樣貌，不論結果如何都視之為完美，你的生命是否會有所不同？如果做任何事都全力以赴，那麼與其他事物比較成績之前，它怎麼可能會沒那麼好？專業計畫、人際關係或學校作業若未能達到預期成果，何不從經驗中學習，下次換個方法做？在無量之網中，我們對自己的感受，包括表現、外表和成就，轉化成周遭的真實狀態，反映出我們自己。了解這一點後，生命中最深層的療癒，也就成為對自己最大的慈悲之舉。那就是對自己仁慈。

雖然還有其他鏡子能反映出自我真實本質的微妙祕密，但我在此分享的五面鏡子，卻能為生命中的人我關係帶來最大療癒。過程中，我們將發現自己身為無量之網創造者所具有的真實力量。每道鏡子都是一塊墊腳石，幫助我們在個人修行上更上一層樓。一旦知道了這些鏡中寫照，就無法「重返無知」的狀態；一旦看見它們出現在生命中，就無法「視而不見」。在生命的某一處認出其中一面鏡子時，很可能也會在其他領域看見相同的模式。

譬如，家庭中的管教與權力掌控問題，常會引發許多情緒，而那樣的議題或許在與陌生人交易買賣二手車時，會以較不激烈的方式浮現出來。由於你和銷售員的關係，可能不如你與親友那般親密，所以衝突比較和緩。儘管模式較為溫和，卻仍然存在。這就是意識的全像模式精采之處。你若能找到方法，解決你與汽車交易商、超市收銀員，或最愛的餐廳裏端來燒焦餐點的服務生之間的關係，家庭關係也會隨之改善。絕對必然如此，因為這就是全像圖的本質。一旦某處的某個模式改變，所有具有相同模式的關係也將受惠。

改變，有時出自始料未及之處。若非如此，我們可能永遠不會在某天清晨起床時決定：「今天我要來解決問題，處理那些照映出深植內心的評判。」我們的運作方式並非如此！反之，透過鏡中寫照獲得療癒的最佳機會，往往可能是在前往寄信的路上，或為輪胎充氣之際。

不久前，我遇見一位朋友，他剛放棄在另一州的事業、家庭、朋友和一段關係，移居新墨西哥州北部的荒野之地。我問他為何要拋下那麼多事物，居住到荒涼的高原沙漠。他說他來尋找「靈性之路」，但又立即說他還無法開始尋找，因為沒有一件事感覺是對的。他與家人有問題，事業遭遇瓶頸，連和為他搭蓋新「靈性」家園的承包商都處不來。他顯然非常挫折。

聽完他的故事，我提出一項對他或許有幫助的建議。

從我的觀點看來，人類除了靈性生活，無法以其他方式存活。換個方式說，身為靈性生物，我們只能經歷靈性經驗。不論生命的外觀如何，我相信每項努力和每條道路都將引領我們到相同的地方。根據此一信念，日常生活並無法使我們**遠離**靈性成長，因為那**就是**靈性成長的過程。

我告訴朋友，或許此刻他面臨的所有挑戰，**正是**他的靈性之路。他沒預期會聽到這樣的答案，不過卻也對這些話的意義感到好奇。他以為住在偏遠寧靜的地方，每天沉思冥想，靈性境界就會實現。

我為他解釋我的信念，告訴他，他面對的挫折是生命的一部分，而尋找解決挑戰的方法，可能正是他要探索的道路。我們道別時，他回頭看我，臉上帶著驚訝的表情，簡單回道：「或許是吧！」

【原註】

❶ Ernest Holmes, *The Science of Mind* (from the original 1926 version, Part IID, Lesson Four: Recapitulation). Website: ernestholmes.wwwhubs.com/sompart2d.htm.

❷〈多瑪斯福音〉，「納格哈瑪地藏書」，第136頁。

❸ 出處同上，第126頁。

❹ 出處同上，第136頁。

❺ 出處同上，第134頁。

❻ 出處同上。

【譯註】

[1] Pueblo，爲西班牙文「村落」之意，今爲美國亞利桑納州和新墨西哥州以泥磚砌屋的印第安部落代稱。布韋洛村落是北美洲少數世代定居原地的印第安部落。

[2] floating ribs，肋骨最下方之第十一、十二對肋骨稱爲浮肋，因爲一端與胸椎相連，一端懸空。

第八章

重寫真實密碼：進行意識創造的20把鑰匙

◉現在你找到了得以使心中渴望成為你存在之真實狀態的情境。
停留在這裏，
直到你的內在獲得一股無法摧毀的力量。

——引自《與奇人相遇：葛吉夫對神祕知識追尋之旅》❶

七〇年代熱門藍調搖滾合唱團「十年之後」專輯歌曲中的歌詞，回應了多年來我從世界各地人們口中聽到的深切渴望，他們極度想要改變世界，卻感到無能為力。「我想要改變世界／但不知該如何著手／所以我讓你來決定。」❷我希望透過接下來的章節，能集結到一切所需的指示，幫助我們獲得知識，創造一個更美好的世界。

我在本書的第一章，分享了美國原住民朋友的故事，他的族人相信，人類在很久以前不知何故，忘記了自己擁有改變宇宙的力量。他認為我們今日使用複雜科技，模仿自己身體能做的事情，目的就在於要想起這個能力。了解了這一點，電腦為何會成為生活不可或缺的一部分，也就不奇怪了，因為它確實模仿了我們儲存記憶以及與彼此溝通的方法。

然而，這個內在與外在科技的對比，可能比那位朋友所想的更深入（或者至少更勝於比他當天與我分享的內容）。從許多層面看來，大腦和意識的運作方式，與現代電腦很相似。塔夫斯大學（Tufts University）認知研究中心主任丹尼爾．德奈特（Daniel Dennett）在其極具開創性的書《詮釋意識》（*Consciousness Explained*）中指出，我們確實把大腦「當成電腦看待」，那樣做，有效幫助我們釐清人類運用資訊的方式。❸就許多方面而言，電腦科學的概念確實幫助我們了解：存在於科學所描述的大腦，和我們**透過**大腦所經歷的現實之間的德奈特所謂之「未知領域」（terra incognita）。顯然，作為記憶與溝通工具，電腦的成功為我們提供了一個清晰有力的比擬，幫助我們明白意識的奧祕。

以下是一段對現代電腦運作方式的簡約描述，內容或許過度簡化，但資訊是正確的。這個簡單的模式，使我們得以將外在世界的硬體和軟體，與內在的意識運作方式做比較。兩者間的相似處，可是既驚人又真實。

首先，不論體積是大是小，或看起來有多複雜，所有電腦只需要三項事物就能運作，**硬體**、**作業系統**和**軟體**。至此，一切看來非常簡單，但若要真正了解意識的運作方式，就必須了解這三個部分的功能。

作業系統使我們得以與電腦晶片和迴路溝通，也能使印表機和螢幕等周邊配件運作。不論是大家熟悉的麥金塔或微軟作業系統，或是為特殊任務而研發的奇特系統，透過鍵盤鍵入指令時，由於有作業系統將指令翻譯成機械能認得的語言，電腦才能懂得如何運作。

硬體就是電腦的結構實體，包括螢幕、鍵盤以及迴路、晶片、處理器等各種透過作業系統運作的小機件。電腦運作的輸出信息，通常透過視覺上可看見的硬體設備呈現，除了螢幕之外，這些設備包括印表機、繪圖機、投影機等顯示裝置。

軟體則包括大家熟悉的程式，如文字處理（Word）、簡報（Power Point）和表格（Excel），幫助我們每天在辦公室和學校完成工作。我們透過使用這些程式，讓電腦接收到指令，進而能有效運作！

這個比擬的關鍵在於：實際上，電腦的作業系統是固定不變的。換言之，它**就是**一切。若希望電腦執行不同的任務，要改變的並非是作業系統，而是**我們輸入的指令**。這一點很重要，因為意識似乎正是以相同方式運作。

假使把整個宇宙視為一個巨大的意識電腦，那麼意識本身就是作業系統，而真實狀態就是輸

功能	電腦	意識電腦
硬體	中央處理器、螢幕、印表機等	真實狀態（無量之網）
作業系統	XP、微軟、麥金塔	意識 ↑
程式	文字處理、表格、簡報	感覺、情緒、祈禱、信念 ↑
程式設計了真實狀態，因此要改變真實狀態，必須改變輸入程式的指令。這些程式即感覺、情緒、祈禱和信念。		

意識電腦與實體電腦之比對表。兩者都需透過系統可以理解的語言，才能改變輸出的信息。

出的信息。正如電腦的作業系統是固定不變的，改變必須來自與它對話的程式，因此要改變我們的世界，就必須變更真實狀態能夠理解的程式，也就是感覺、情緒、祈禱和信念。

✣
✣
✣

關鍵20：完全成為自己在世間選擇要經歷的事物。

我們想像得到的一切，或者甚至是沒想到的事情，都可套用這個模式，進而從中看見自己。感覺、信念和祈禱是用來改變意識輸出成果的程式，也就是用來改變無量之網的工具，就如文字處理、辦公室文書處理（Works）等程式可用來修改電腦的輸出信息。這個比喻的絕妙之處在於點出我們已經擁有製造真實狀態的高效程式，而且天天運用它們。

我們隨時隨地將情緒、感覺、祈禱和信念等訊息傳送到意識中，由意識將之轉譯成身體、人際關係、生活和世界等日常真實狀態。至此要關切的，已不再是此語言是否存在的問題，而是如何在生活中有意識地運用。

要了解為何我們的信念能如此強有力，以及如何在擁有六十億人口的世界裏做任何改變，就必須對全像圖有更進一步的了解。

整體模式

文章至此，我們是全像生物的事實應該已經非常明確，而且是生活在具有全像意識的全像宇宙中的全像軀體，這點應該也無庸置疑。我們是很有能力的生物，能將身體界線延伸到細胞之外，成為宇宙的一部分。單純「做」自己，我們便能容納萬物，反映一切，包括最壯觀的現象、最微妙的事件，以及最明亮的光芒、最晦暗的黑暗等等。朋友、伴侶、父母和孩子全是這整體的一部分。身體反映著宇宙的模式，那模式又深植於更多模式之中，每個模式又嵌於更多模式之中……然而，人類的全像式存在並非祕密，甚至是歷史上許多深奧動人的散文詩歌所描繪的主題。

在諾斯底教派之《雷電：完美的心智》（*The Thunder: Perfect Mind*）中，一名生活在第三世紀的女性，宣稱自己是已存在於每個人之中的所有可能性化身。她說：「我是第一也是最後，是妓女也是聖女。我是妻子也是處女……是父親的母親，也是丈夫的姊妹……在我虛弱之時，不要拋棄我，不要害怕我的力量……你為何決意恨我？」[4]

以上文字精準描述了人類的全像式存在，而這卻是寫於基督教權力興起的早期，是比當代更先進的思想。因此，父權制的教會委員會選擇要將哪些文件從「正式」的宗教經典中刪除時，不難理解為何《雷電：完美的心智》會消失，直到一千七百年後，才在前教會時期撰寫的「納格哈瑪地藏書」中發現。

這裏的重點是，每個人本身即是一個完整的整體，且在如此的狀態中，能夠找到鑰匙，進入一個更龐大整體中的更龐大療癒模式。就是這個強大的原理，在生命中觸動各種經驗與情緒。不過，被觸動的經驗與情緒，卻可能與我們所以為的議題毫無關連。

例如，看到一部描述失落的電影時，你所感受到的悲傷很可能與電影實際情節無關。一九九〇年上映的電影《與狼共舞》（*Dance with Wolf*）中，士兵射殺被約翰．鄧巴（凱文．科斯納〔Kevin Costner〕主演）馴服的灰狼那一幕，是解釋這個原理如何在生命中展現的完美實例。觀眾透過鄧巴的眼睛，看見囚禁他的士兵，攻擊那頭學會信任鄧巴並成為其好友的灰狼。

我在許多場合看過此部電影，每一回，這一幕從觀眾身上誘發的情緒都非常強烈、真誠，而且對某些人來說，甚至還是個謎。「為什麼看見那頭名叫『兩隻襪子』的狼遭到獵殺，會使人感到如此悲傷？」他們問道。答案可能令他們大吃一驚。他們感受到的悲傷，很可能與螢幕上的情節無關。也許是因為電影在幾分鐘內，觸動他們心中深鎖的感覺，那些心愛事物消失不見或遭奪走時，被鎖入內心的感覺。

追根究底，我們被電影情節觸動的感覺，或許與自己有關——與自己為了在生命經驗中存活，內在失去的事物有關——與電影中人物所經歷的劇情反而無關。這其實沒有什麼好訝異。儘管不知道自己失落了那麼多，我們還是被自己認同的書本、電影和各種情況給觸動。

我們藉此提醒，自己仍然認得那些為了走過傷痛的片刻，而在生命中失去的事物。生命的運作方式似乎是如此：每個人皆為他人反映出整體的不同部分。這使人想起古代隱士的原則：「上行，下效；存乎中，形於外。」如物理學家約翰．惠勒所說，我們或許就像宇宙中的巨大回饋迴路，以同樣的模式不斷重複，只是規模不同。古老的智慧傳承對此概念有更深的認識，它們相信這個生命的「經驗」迴路會持續不斷，直到我們找到最有效的療癒為止。屆時，我們就能自此循環中解脫，或如印度教所堅信的，我們的業已完成。

領軍前進

在意識電腦栩栩如生的全像圖中，影像的每一小塊，不論有多小，都存活於屬於自己的空間領域，卻又在更大的整體中運作。例如，次原子粒子是組成原子的物質，也決定了原子的運作方式；而原子組成了分子，並且支配**它們**的運作方式；分子組成了身體的細胞，建構了**我們**的運作方式；我們的身體又是宇宙的鏡子，以此類推。

如本書第二部所示，基於全像圖的本質，在某一層次發生的改變，將在整體的各處獲得反映。因此，在意識的整體模式當中，並不需要有太多人改變想法或信念。例如十五世紀的北美原住民部落巫士，因為改變了自己的視角，使得族人也學會「看見」外國船隻詭異外型的故事；或如一九八〇年代的以色列及黎巴嫩，當少數受訓者以特殊方式在特定時間感受和平時，當地人口也同樣經歷和平的經驗，這些都是少數人在意識中創造新程式，而對集體真實狀態的輸出成果產生巨大影響的案例。關鍵在於，必須有人帶頭做。

必須有個人在他人面前先選擇新的存在與生活方式，讓他們目擊發生經過，而鎖定成新的模式。這麼做，就能將信念程式升級，把新的真實狀態藍圖傳送到意識之中。我們已多次見證過這個原理的運作，從佛陀、耶穌基督、穆罕默德、甘地、德蕾莎修女、馬丁・路德・金恩等，太多人選擇在他人面前採用新的方式存在與生活。只是，對於如此強烈的改變案例，我們或許司空見慣，以至於習以為常。

仔細觀察這些大師如何在既有規範中，灑下新概念的種子，就會發現他們的作為堪稱驚天動地。以電腦的比喻來看，他們的成就相當於突然把處理文字的軟體，改寫為太空科技軟體……若真有這種事，可真稱得上是人工智慧的典範了！而若能在過去使我們受限的信念中，創造出同樣的巨變，效果也將一樣神奇。

這就是為什麼學會在一個使人感到恐懼的宇宙中找到信任，在沉溺於報復中的星球找到原諒，或在一個殺害有所令人恐懼或不解生物的世界中找到慈悲，會是那麼巨大的成就。而這些也正是大師們的成就。過去的先知們，藉由生活在智慧、慈悲、信任與愛之中，改變了能與意識「操作系統」對話的信念「軟體」，於是這些新可能性的種子，「升級」了我們的真實狀態。

如今我們也擁有相同的機會，不需要成為聖人就能產生改變的作用。我們目前擁有的選擇和過去先知的選擇之間，存在一個有趣的差別。科學研究顯示，愈多人懷抱新的信念，愈容易使信念落實為真實狀態。（如本書第二部所述，「百分之一人口數的平方根」公式，說明了需要多少人才能開始改變。）雖然佛陀、耶穌和其他大師們或許在此成就上是先驅，他們的示範卻成為刺激因素，為許多人打開大門，獲得相同的成就。連耶穌自己都說過，未來世代將做出被當代人視為奇蹟的事蹟。

多年來，許多人跟隨先知的引導前進，他們所創造的動能，讓我們擁有先知缺乏的優勢。如今我們**知道**身體可以療癒，可以長壽。我們**明白**愛、欣賞與感恩能為生命帶來肯定，使身體充滿活力，世界得以和平。我們也**了解**，只要有少數人知道如何升級程式和無量之網對話，就能產生巨大的改變。

我們又該如何運用這項認知呢？假使有一人決定要以新的反映，面對充滿傷害性的舊有模式，結果將如何？假使有人選擇不以傷害和憤怒，回應「背叛」或「違背信任」，又會發生什麼事？當某人看著晚間新聞，對於那些犯罪、侵犯他人者，不再想報復或討回公道，對這家庭將有何影響？結果會是：這個單一個體將成為一座橋樑，對於有勇氣選擇相同路徑的人，他既是先驅也是助產士。而每一次只要有人又做出相同選擇，那選擇就會變得更容易，因為已經有人先做過了。

如前面所述，他們成功的關鍵在於，要有所改變，就必須超越傷害自己的事物，同時不迷失在此經驗中。換言之，馬丁·路德·金恩無法透過憎恨來阻止憎恨。尼爾森·曼德拉若鄙視囚禁他的人，他將無法在南非的監獄中存活二十年。同樣地，我們不可能以更多的戰爭來阻止戰爭。我們在二十世紀尋求和平之所以失敗，正是證實此理的強力案例。追本溯源，在一個反映著人類信念的宇宙中，顯而易見的是，憤怒的群眾無法創造和平的世界。我們已經嘗試過，而今日世界的動盪，正是過去的企圖所造成的結果。

前面的案例提及，人能在壓迫的環境中改變壓迫循環，而這些案例呈現出兩種非常明顯的模式：

1. 選擇超越憎恨的力量，源自於產生憎恨的同一信念系統，而非外來資源加諸於現有系統之上。
2. 選擇超越憎恨的人，會成為他最關愛的人的活橋樑。他們在一個並不支持當下信念的系統中，活出自己的真理，藉此找到其最真實的力量。

多麼明顯而有力的模式！全像式意識能使發生在系統中**任何地方**的改變，成為**每個地方**的改變。即使現在有六十多億人共有這世界，我們卻能在某種程度上，受惠於少數人對和平與療癒的選擇。我能如此斷言，是因為我們已見識過這個原則的實際運作。透過無量之網的相關知識，如今我們已擁有一切所需，能夠掌握創造的力量，將所知應用於現代的激烈挑戰中。

不論是選擇世界和平或家庭美滿祥和，或是使關愛的人或自身獲得療癒，原則都一樣。把宇宙視為意識電腦，感覺、情緒、信念和祈禱是設計真實狀態的程式，從這個比喻看來，我們理當也有一本教人操作真實狀態的使用者手冊。而我們確實有這份手冊。長久以來，知識豐富的大師們將之一點一滴分享於世。下一節提出的各項關鍵，便是取自大師的教導，引領我們循著已被證實能創造改變的邏輯與行動順序，按部就班前進。

世間必然還有其他祕訣可循，但這份歷經時間考驗的步驟，不論在歷史上或我個人經驗中，都十分有效。我在這裏提供一本「操作手冊」簡約版，幫助我們升級設計真實狀態的程式，改變身邊的世界。

創造真實狀態的二十項關鍵

這裏所提供的二十項關鍵包含了本書的重點。每項關鍵，各有其趣。但集體看來，則共同述說了一個故事，那是**我們的**故事，提醒了我們創造的力量。各項關鍵可被視為意識電腦用來創造真實狀態的軟體，也就是改變的密碼。就和所有密碼一樣，關鍵的排列順序也有其道理。簡單地說，就像在烤蛋糕之前，得先備齊所有材料一樣，只有先了解每個步驟，且需要時即能拿來派上用場，創造真實狀態的關鍵才能發揮效果。

理解這些關鍵時，我想起猶太教神祕主義卡巴拉教義（Kabbalah）第三部書《創造之書》，所描述的一連串深刻有力的知識。不知名的作者一步步描述宇宙成形過程的同時，也讓讀者逐步思考了萬物形成的每一步驟，藉以參透每一步驟自身的力量。「檢視它們／探測它們」，古老的經文如此指示。「看見每一事物的本質。」[5]

同樣地，我邀請你逐一單獨思考以下的關鍵，讓每個關鍵的特色成為一個強烈的改變媒介。持續鑽研，直到了解為止。屆時，所有步驟將共同成為你改變世界、改變自己的密碼。

進行意識創造的二十項關鍵

金鑰一：無量之網是承載宇宙的「容器」，是連結萬物的「橋樑」，也是顯現我們的創作的「鏡子」。

金鑰二：世上的一切皆與其他一切萬物相連。

金鑰三：若要運用宇宙本身的力量，我們必須將自己視為世界的「一部分」，而非與之「分離」。

金鑰四：某些物質若曾經結合為一體，不論實體是否持續相連，「將永遠相連」。

金鑰五：專注意識的舉動，就是創造的行為。意識能夠進行創造！

金鑰六：我們擁有達成改變所需的所有力量！

金鑰七：意識的焦點會變成世界的真實狀態。

金鑰八：光只是「說」選擇新的真實狀態，這樣還不夠！

金鑰九：情緒感覺是用來與無量之網對話的語言。要感覺目標已經達成，祈禱已經得到回應。

金鑰十：並非任何感覺都可行。「感覺」若要能從事創造，必須不自我、不評判。

金鑰十一：我們必須「成為」自己選擇想在生命中「體驗到」的事物。

金鑰十二：我們不受今日所知的物理定律制約。

金鑰十三：在全像式「物體」中，每一部位都反映著物體的全部。

金鑰十四：連結一切的意識全像圖，使善願與祈禱在心中升起的剎那，即已存在於標的中。

金鑰十五：生命中的微小改變透過意識全像圖，即能反映在世界各地。

金鑰十六：要在意識中「啟動」改變，所需的最少人數為總人口數之$\sqrt{1\%}$。

金鑰十七：無量之網是一面鏡子，反映我們以信念創造的關係世界。

金鑰十八：「負面」經驗的根源可追究到人類三個共通恐懼之一（或其組合）：離棄、貶抑自我價值或缺乏信任。

金鑰十九：最真實的信念反映在最親密的關係中。

金鑰二十：完全成為自己在世間選擇要經歷的事物。

✣✣✣

大家幾乎普遍認為，人類不僅只是表面所見而已。在古老記憶的深處，我們知道自己擁有神奇的力量，而且自孩童時期，便幻想自己擁有超越理性與邏輯能理解的各種能力。理當如此不是嗎？還是孩子時，我們根本還沒「學到」所謂奇蹟不可能在生命中發生的規則。

然而，提醒我們關於自己擁有神奇潛力的徵兆無所不在。在本書第二部中，我說，或許量子粒子的「異常舉止」，並不單純只是「奇怪」和「詭異」的行為。我問道，粒子在時空中的自由移動，其實是在告訴我們，人類的生命或許也擁有同樣的自由？我刻意將答案保留到此刻來回答。在了解所有的實驗與研究，並看見那些超越自我信念限制之人的範例之後，我相信答案是肯定的。

假使組成人體的粒子可以瞬間彼此溝通，同時存在於兩地，生活於過去和未來，並能透過當下的選擇改變歷史，那麼我們也可以。這些孤立的粒子和人類唯一的差別在於，我們是由無數粒子透過意識的力量凝聚而成。

古老的神祕主義者點醒了我們的心，而現代科學實驗則為腦袋提出證據，證實宇宙間唯一的強勁力量存在於我們之內。而這就是宇宙最大的祕密：一股能將我們信念中的想像之物，在世間創造出來的力量。這聽起來似乎太過簡單，不可能為真，但我相信這正是宇宙運作的方式。

蘇菲教派詩人魯米指出，我們對自己的永生不滅感到恐懼，他的意思或許是，我們真正恐懼的，是得以選擇永生不滅的那股力量。

一如本書前言克里斯多夫·洛格詩中的新生所發現的，大家都需要被推一把，才得以翱翔空中，或許我們也需要稍微改變一下，才能看見自己是世界和命運的建築師，是在宇宙畫布上展現內在信念的宇宙藝術家。若能記得我們既是藝術作品，也是創作那作品的藝術家，或許就能記得我們既是奇蹟的種子，也是奇蹟本身。如果能夠做出這點小轉變，那麼我們在無量之網中已被療癒。

【原註】

❶《與奇人相遇：葛吉夫對神秘知識追尋之旅》（*Mettings with Remarkable Men: Gurdjieff's Search for Hidden Knowledge, Corinth Video, 1987*）。這部電影是以葛吉夫的一生，及他對古老祕密教導孜孜不倦的追尋爲腳本。他四處旅行，走過世界各地，最後來到一座神祕的僧院，據信該僧院是位於巴基斯坦的偏遠山區。這是在他長久追尋修行後，導師送給他的話。

❷「十年之後」（The Years After）合唱團之《時空之中》（*A Space in Time*）專輯。（Capitol Records, 1971）。

❸ Daniel Dennett, *Consciousness Explained* (Boston: Back Bay Books, 1991): p. 433.

❹《雷電：完美的心智》（*The Thunder: Perfect Mind*），「納格哈瑪地藏書」，297-303頁。

❺ *Sefer Yetzirah: The Book of Creation*, Aryeh Kaplan, ed. (York Beach, ME: Samuel Weiser, 1997): p. 165.

繼續走，雖然沒有目的地。
不要企圖看穿距離。
那不是人類的工作。
於內在移動，但不要朝
恐懼促使你前進的方向去。

——魯米（Rumi）

致謝

《無量之網》集結了自一九八六年來，因科羅拉多州丹佛市一小群坐滿客廳的聽眾而展開的研究、發現和演講。迄今，許多人在生命中與我交會，提供經驗的橋樑，使我終能獲得書中所分享的強有力的訊息，這些人通常甚至不曾察覺自己的參與。若要完整提及所有人，可能需要一整本書的篇幅才夠。因此我想藉此處，對那些對本書有直接貢獻者，表達我的謝意。

我特別感謝：

賀氏書屋（Hay House）每位美好的工作夥伴！我誠摯感謝露易絲·賀（Louise Hay）、瑞德·崔西（Reid Tracy）及朗·提林黑斯特（Ron Tillinghast），你們對經營事業獨特的遠見與奉獻，是賀氏書屋成功的保證書。向總裁瑞德·崔西致上最深謝意，感謝你的支持，以及對我和我的工作堅持不移的信心。對主編吉兒·克拉馬（Jill Kramer）真誠的意見與指導致上無盡的謝意，謝謝你在我致電時總是撥空協助，並在每次會談中提供你多年的經驗。

我的公關安潔拉·托瑞茲（Angela Torrez）、編輯亞歷克斯·夫理曼（Alex Freemon）、公關主任傑齊·克拉克（Jacqui Clark）、銷售主任珍妮·里伯拉帝（Jeannie Liberati）、行銷主任瑪格麗特·奈爾森（Margarete Nielsen）、活動主任南西·賴文（Nancy Levin）、非凡的音效師洛基·喬治（Rocky George），你們全力支持我的工作，是我所能擁有最好的團隊。你們的熱情和專業無人能比，我很驕傲能成為賀氏家族為世界帶來的美好事物之一。

致我的作品經紀人奈德·里維特（Ned Leavitt），感謝你在我們共同走過的每個里程碑上所帶來的智慧與正直。透過你的引導，讓我們的書能在出版界中接觸到更多人，使這些關於希望、機會、使人自主的訊息得以散布。我深深感謝你無懈可擊的領導，更感謝你的友誼與信任。

我的第一線編輯與朋友史戴芬妮．康寧（Stephanie Gunning），非常感謝你的奉獻與技術，以及你為工作帶來的能量。最重要的是感謝你協助我在複雜的科學中，找到適當的文字，以愉快而有意義的方式分享它們。對於你總能提問適當的問題，讓我做出最清晰的選擇，我始終驚奇不已。

我很驕傲能成為多年來支持我的工作、並隨之成長的工作團隊及家族的一分子，這個家族包括了我最喜愛的（也是唯一的）辦公室經理羅莉．威爾莫特（Lauri Willmot），對於你無時無刻的支持（特別是在重要的時候），我致上無限的敬意與感謝。資源出版（Sourcebooks）的羅蘋與傑利．麥納（Robin and Jerry Miner），感謝你們多年相挺，創造出許多美好的活動以及精彩的演講素材，支持我們的計畫。致「有效研討會」（The Conference Works）的工作夥伴，包括巴克曼（M. A. Bjarkman）、瑞．巴斯金（Rae Baskin）、雪朗．貴格（Sharon Krieg）、維克．史伯汀（Vick Spaulding），感謝你們的協助，我們才能在全美各地與美好的觀眾分享我們的訊息。

致母親蘇維亞（Sylvia）及兄弟艾瑞克（Eric），感謝你們歷久不衰的愛與對我的信念。雖然這是個小家庭，但充滿愛的家庭，遠比我們所想像的更廣闊。對於你們為我每一日的生活所帶來的成長，我的感激溢於文字篇章所能表達。音效／視覺工程師暨非凡的技術大師艾瑞克，特別感謝你在我們共同工作、走過許多變化多端的挑戰路程上所展現的耐心。我很高興能與你分享工作，且非常驕傲能身為你的兄弟。

致我摯愛的妻子、生命的伴侶甘乃蒂（Kennedy），你和我一起走過最光輝與最黯淡的時刻。感謝你無所不在的愛與堅定的支持，謝謝你在難熬的長日、匆促的夜晚及遠距離的互道早安中所給予的耐心。最重要的是，感謝你使我們常保健康與強健的身體，幫助我實現要永遠展現出最好一面的承諾！你總在最適當的時候，以你所無法想像的方式給予我所需的鼓勵！

最後要特別感謝多年來每一位支持我們的工作、書籍、錄音與現場演說的讀者與聽眾。你們的信任使我無比榮耀，你們對一個更好世界的願景使我感佩。由於你們的參與，我得以成為更好的傾聽者，能夠分享希望與機會的訊息，讓人類更能自主。對所有的人，我永遠心懷感激。

BX0001T

無量之網：連結宇宙萬物的母體

The Divine Matrix: Bridging Time, Space, Miracles, and Belief

作　　者　桂格・布萊登（Gregg Braden）
譯　　者　達娃
責任編輯　田哲榮
封面設計　黃聖文
內頁排版　中原造像
校　　對　吳小微

發 行 人　蘇拾平
總 編 輯　于芝峰
副總編輯　田哲榮
業務發行　王綬晨、邱紹溢、劉文雅
行銷企劃　陳詩婷
出　　版　橡實文化 ACORN Publishing
地址：231030新北市新店區北新路三段207-3號5樓
電話：02-8913-1005　傳真：02-8913-1056
網址：www.acornbooks.com.tw
E-mail：acorn@andbooks.com.tw
發　　行　大雁出版基地
地址：231030新北市新店區北新路三段207-3號5樓
電話：02-8913-1005　傳真：02-8913-1056
讀者服務信箱：andbooks@andbooks.com.tw
劃撥帳號：19983379 戶名：大雁文化事業股份有限公司

印　　刷　中原造像股份有限公司
三版一刷　2024年7月
定　　價　380元
ISBN 978-626-7441-45-9
（原書名：無量之網：一個讓你看見奇蹟，超越極限，心想事成的神祕境地）

國家圖書館出版品預行編目資料

無量之網：連結宇宙萬物的母體／桂格・布萊登(Gregg Braden)著；達娃譯. -- 三版. -- 新北市：橡實文化出版：大雁出版基地發行, 2024.07
面；　公分
譯自：The divine matrix : bridging time, space, miracles, and belief
ISBN 978-626-7441-45-9(平裝)
1.CST: 靈修
192.1　　113006773